AbiSpicker
ENGLISCH

Peter Weigl

Compact Verlag

In dieser Reihe sind bereits erschienen:

- ✦ Abi-Spicker Biologie
- ✦ Abi-Spicker Deutsch
- ✦ Abi-Spicker Mathematik

Chefredaktion: Dr. Angela Sendlinger
Redaktion: Astrid Kaufmann
Fachredaktion: Ulrike Ruppenthal
Produktion: Wolfram Friedrich
Gestaltung: Carsten Abelbeck
Umschlaggestaltung: Carsten Abelbeck

ISBN-13: 978-3-8174-7463-9
ISBN-10: 3-8174-7463-6
7474631

Besuchen Sie uns im Internet: www.compactverlag.de

Vorwort

Dieser Band der neuen Reihe *Abi-Spicker* bietet Schülerinnen und Schülern der Oberstufe die Möglichkeit, sich umfassend auf die schriftliche Abiturprüfung im Fach Englisch vorzubereiten:

Im Teil *Basiswissen Kollegstufe* kann man sich über die Grundlagen der Landeskunde genauso informieren wie über typische Aufgabenformen und verbreitete Wortschatz- und Grammatikprobleme. Im Abschnitt *Methodentraining* werden dann anhand von Originaltexten einzelne Aufgabenformen trainiert, wobei es v. a. darauf ankommt, zu zeigen, wie sich komplexe Fragestellungen schrittweise lösen lassen. Im Anschluss daran hat der Schüler die Möglichkeit, an kompletten *Abituraufgaben* zu testen, ob er die neuen Arbeitstechniken beherrscht. Ein ausführlicher *Lösungsteil* ermöglicht eine problemlose Selbstkontrolle.

Abgerundet wird dieses vielseitige Trainingsbuch durch zahlreiche Infokästen, die wichtiges Hintergrundwissen zu den Themen der Textarbeit liefern.
Grundsätzlich lassen sich alle Fragestellungen von Grund- und Leistungskursteilnehmern lösen. Dennoch werden an vielen Stellen Hinweise zum Niveau der jeweiligen Aufgabe gegeben, sodass man die eigenen Fortschritte gut einschätzen kann.

1. Landeskunde

Nicht in allen Bundesländern wird in der Abiturprüfung gezielt Basiswissen zu Land und Leuten abgefragt. Vielfach ist das Englisch-Abitur eine reine Sprachprüfung, d. h., es muss lediglich ein Text unter verschiedenen Gesichtspunkten bearbeitet werden. Trotzdem ist es sinnvoll, über einige grundlegende Kenntnisse der englischen und amerikanischen Landeskunde und Literatur zu verfügen. Zum einen kann dies zum besseren Textverständnis beitragen, zum anderen ist das entsprechende Vorwissen häufig unerlässlich, wenn man eine kenntnisreiche und fundierte *composition* schreiben möchte. Deshalb werden im ersten Teil dieses Buches neben typischen Aufgabenformen der Abiturprüfung und einem Wortschatz- und Grammatiktraining wiederkehrende Themen aus der Landeskunde und der Literaturbetrachtung beleuchtet. Weitere Informationen zur Landeskunde sind in den Teilen II und III enthalten und dienen dort als Hintergrund zu den Übungstexten.

1.1 Das politische System der USA

Die Verfassung *(the Constitution)*

- ✦ Das politische System der USA ist im Wesentlichen in der Verfassung von 1789 festgelegt.
- ✦ Sie wurde im Laufe der Zeit durch 27 Verfassungszusätze *(amendments)* ergänzt.

- Den zweiten Verfassungszusatz kennen Sie sicher. Er lautet: *"The right of the people to keep and bear arms shall not be infringed"*.
- Die ersten 10 dieser Zusätze sind unter der Bezeichnung *Bill of Rights* bekannt.
- Die *Bill of Rights* garantiert jedem Staatsbürger der USA Grundrechte *(freedom of religion, freedom of speech, freedom of assembly, equal justice etc.)*.
- Diese Verfassungszusätze regeln so wichtige Fragen wie z. B. die Abschaffung der Sklaverei, das Frauenwahlrecht oder das Wahlalter.

Die Grundprinzipien der Verfassung

Die Verfassung der Vereinigten Staaten von Amerika hat das Ziel, die folgenden demokratischen Grundideen zu verwirklichen:

- Schon in der *Declaration of Independence* wurde gefordert, dass die Regierung der Zustimmung des Volkes bedarf, also vom Volk gewählt sein muss.
- Das Volk wählt entsprechende Vertreter, d. h. Abgeordnete, die das gesamte Volk vertreten.
- Der Staat hat die Grundrechte aller Menschen zu gewährleisten.
- Die Macht des Staates teilen sich Kongress, Präsident und die Gerichte *(separation of powers)*.
- Diese Institutionen kontrollieren sich gegenseitig *(system of checks and balances)*.

- Auch die Einzelstaaten haben zum Teil recht weit gehende Rechte, wie z. B. das Verhängen der Todesstrafe. Weil die USA ein Bund aus Einzelstaaten ist, spricht man auch von einem föderalen System *(federal system).*
- Die amerikanische Verfassung ist bis heute die älteste der Welt und symbolisiert Stabilität und Kontinuität.

Der Präsident ***(the President)***

- Er wird für 4 Jahre gewählt und kann nur einmal wiedergewählt werden.
- Er ist das Staatsoberhaupt *(head of state)* und in dieser Funktion mit dem deutschen Bundespräsidenten zu vergleichen.
- Er ist zugleich auch Regierungschef *(head of government/Chief Executive),* füllt also auch die Funktion eines deutschen Kanzlers aus.
- Er bildet die Regierung, indem er die einzelnen Minister benennt.
- Er kann Gesetze erarbeiten und von seinen politischen Vertrauten in den Kongress zur Abstimmung einbringen lassen. Mittels seines Vetorechts kann er aber auch Gesetzesvorhaben des Kongresses blockieren.
- Er ist für die Ernennung der obersten Bundesrichter zuständig und legt den Staatshaushalt zur Abstimmung vor. Dabei ist er aber i. d. R. von der Zustimmung des Kongresses abhängig.

- Er ist der oberste Diplomat seines Landes, ihm allein steht das Recht zu, Verträge mit anderen Ländern abzuschließen.
- Er ist in Kriegs- und Friedenszeiten der Oberbefehlshaber der amerikanischen Streitkräfte *(commander-in-chief)*.
- Er kann nur dann vorzeitig aus dem Amt entfernt werden, wenn ihm der Kongress Verfassungs- bzw. Rechtsverstöße nachweisen kann. Dieses Verfahren heißt *impeachment*.

Der Kongress *(Congress)*
Der Kongress ist das gesetzgebende Organ der USA, d. h. dort wird über die Annahme oder Ablehnung der Gesetze entschieden. Er besteht aus zwei Häusern:

Der Senat *(the Senate)* setzt sich aus 100 Abgeordneten zusammen, d. h. jeder Bundesstaat stellt zwei Vertreter. Durch diese Verteilung soll gewährleistet werden, dass auch kleine Staaten politisches Gewicht besitzen. Alle 2 Jahre wird je ein Drittel der Senatsabgeordneten neu gewählt. Ihre Amtszeit beträgt 6 Jahre.
Das Repräsentantenhaus *(the House of Representatives)* hat 435 Mitglieder. Die Anzahl der Mandate entspricht jeweils der Größe des Staates: Staaten mit vielen Einwohnern entsenden mehr Abgeordnete als dünn besiedelte Staaten. Kalifornien hat daher beispielsweise 53 Abgeordnete, Alaska dagegen nur einen. Die

Abgeordneten im Repräsentantenhaus werden alle zwei Jahre vom amerikanischen Volk in freier, geheimer und unmittelbarer Wahl bestimmt. Der Kongress hat im Wesentlichen drei Aufgaben:

- Er beschließt die Bundesgesetze in den USA.
- Er berät und beschließt den Staatshaushalt.
- Er kontrolliert den Präsidenten und die Regierung.

Kontrolle der Macht

Sicher haben Sie im Englischunterricht schon einmal den Begriff *checks and balances* gehört. Er bezeichnet ein ausgeklügeltes System von gegenseitigen Kontrollen und Überwachungsmechanismen, die Konzentration und Missbrauch von Macht verhindern sollen. Folgende Beispiele zeigen die Funktionsweise dieses Systems:

- Der Präsident ernennt die Richter des Obersten Gerichtshofes *(Supreme Court);* diese können ihrerseits Handlungen des Präsidenten für verfassungswidrig erklären.
- Der Präsident kann Gesetze des Kongresses vorübergehend blockieren *(to veto a bill),* eine 2/3-Mehrheit des Kongresses kann den Einspruch des Präsidenten aber überstimmen.
- Der Senat muss die vom Präsidenten ernannten Richter bestätigen. Diese überprüfen ihrerseits die Gesetzgebung des Kongresses auf Verfassungsmäßigkeit.

Die Wahl des Präsidenten

- In den USA findet die Wahl des Präsidenten durch die Bevölkerung in einem eigenen Wahlgang statt. Im Gegensatz zur Bundesrepublik Deutschland werden Kongress und Präsident also in voneinander getrennten Wahlen bestimmt.
- Im Vorfeld der eigentlichen Präsidentenwahl gibt es dabei, anders als in Deutschland, innerhalb der einzelnen Parteien eine längere Wahlschlacht darum, wer als Präsidentschaftskandidat nominiert wird. Die Bewerber um das höchste politische Amt müssen sich zuerst in einem öffentlichen Wahlverfahren innerhalb der eigenen Partei durchsetzen.
- Diese parteiinternen Vorwahlen heißen *primaries* bzw. *caucuses* und dienen dazu, den aus der Sicht der Parteianhänger aussichtsreichsten Kandidaten zu bestimmen.
- Der amerikanische Präsident wird indirekt gewählt, d.h., am Wahltag gibt der Wähler seine Stimme nicht direkt für den Präsidentschaftskandidaten ab, sondern stimmt für die Wahlmänner *(electors)* seiner Partei.
- Die vom Volk bestimmten Wahlmänner bilden das Wahlmännerkollegium *(electoral college)*, das dann den US-Präsidenten wählt. Die Wahlmänner sind zwar theoretisch frei in ihrer Entscheidung, faktisch stimmen sie aber stets für den Kandidaten „ihrer" Partei.

- Die Partei, die in einem Staat die einfache Mehrheit der Wählerstimmen erreicht, bekommt alle Wahlmänner dieses Bundesstaates zugesprochen, die Stimmen der unterlegenen Partei fallen also „unter den Tisch". Man spricht daher auch vom *winner-takes-all*-Prinzip.
- Die Anzahl der Wahlmänner pro Staat richtet sich nach der Bevölkerungszahl. Bei den Wahlen von 2004 hatte z. B. Kalifornien 55, New York 31 Wahlmännerstimmen.

Die politischen Parteien

Die beiden großen amerikanischen Parteien sind einander programmatisch in vielen Punkten recht ähnlich, weshalb eine klare Unterscheidung nicht ganz einfach ist. Grundsätzlich wird die *Democratic Party* als die liberalere Partei angesehen. Sie hat ihre Wähler besonders in den großen Städten der Ost- und Westküste und gilt als die Partei der Arbeiter, Unterschichten und Minderheiten; aber auch Intellektuelle unterstützen sie.
Die *Republican Party* ist die konservative Partei der USA. Sie vertritt in erster Linie die White Anglo-Saxon Protestants *(WASPs)*, also das konservative Bürgertum, die Großindustrie und die reichen Farmer des Landes.
Regionale und lokale Anliegen spielen in der Politik der Parteien eine größere Rolle als eine einheitliche Parteilinie. Anderen Parteien *(third parties)* ist in der Geschichte der USA immer eine geringere Bedeutung zugekommen.

1.2 Das politische System Großbritanniens

Die Verfassung

Oft wird gesagt, Großbritannien habe keine geschriebene Verfassung. Das ist jedoch nur halb richtig. Es stimmt, dass es kein einzelnes zusammenhängendes Verfassungsdokument gibt, wie das in den USA oder in der Bundesrepublik Deutschland der Fall ist. Die britische Verfassung besteht vielmehr aus zahlreichen Einzelgesetzen, die in geschriebener Form vorliegen, sowie aus gewohnheitsrechtlichen Konventionen.

Zu den wichtigsten Einzelgesetzen zählen:

- *Magna Carta* (von 1215)
- *Habeas Corpus Act* (von 1679)
- *Bill of Rights* (von 1689)
- *Equal Franchise Act* (von 1928)

Gewohnheitsrechtliche Konventionen sind ungeschriebene Gesetze, die sich im Laufe der Jahrhunderte herausgebildet haben. Staatsorgane und Politiker müssen sich an diese Vorgaben halten, weil es „immer schon so gewesen ist". So ist es beispielsweise eine verfassungsrechtliche Konvention, dass die Partei, die in den Parlamentswahlen die meisten Stimmen erhält, sowohl den Premierminister als auch die Regierung stellen darf.

Der König/Die Königin

Großbritannien ist eine konstitutionelle Erbmonarchie. Da es verfassungsrechtliche Bestimmungen und Konventionen gibt, an die sich auch der König bzw. die Königin halten muss, verfügt er/sie kaum mehr über politische Macht. Man sagt deshalb auch: *"The King/Queen reigns, but doesn't rule"*. Dieser Satz besagt, dass er/sie zwar das Staatsoberhaupt ist, politische Entscheidungen aber von der Regierung und vom Parlament getroffen werden. Man könnte seine/ihre Rolle mit der eines Schiedsrichters vergleichen, der unparteiisch ist und nicht in das Spiel eingreift, solange die Regeln eingehalten werden. In der Regel beschränken sich seine/ihre Aufgaben allerdings auf repräsentative Pflichten.

Die Aufgaben und Rechte der Königin/des Königs

- ✦ Er/Sie ist das Staatsoberhaupt des Vereinigten Königreichs.
- ✦ Er/Sie ist Staatsoberhaupt einiger Commonwealth-Staaten (z. B. Australien, Kanada).
- ✦ Er/Sie ist das Oberhaupt der anglikanischen Kirche *(Church of England)*.
- ✦ Er/Sie ist Oberbefehlshaber(in) der britischen Streitkräfte.
- ✦ Nach den bereits erwähnten ungeschrieben Gesetzen ist der König/die Königin dazu verpflichtet, das Parlament jährlich einzuberufen und es auch wieder aufzulösen.

- Er/Sie stimmt Gesetzen zu.
- Er/Sie ernennt entsprechend einer verfassungsrechtlichen Konvention offiziell den Premierminister und dessen Minister.
- Er/Sie empfängt Staatsgäste und repräsentiert das Vereinigte Königreich im Ausland.

Das Parlament ***(Parliament)***

Das britische Parlament ist mit über 700 Jahren das älteste der Welt. Es ist heute das gesetzgebende Organ des Vereinigten Königreiches. Das britische Parlament besteht aus zwei Häusern, dem Oberhaus *(House of Lords)* und dem Unterhaus *(House of Commons).* Heute ist das *House of Commons* die zentrale politische Bühne, wohingegen das *House of Lords* nur noch über einen sehr geringen politischen Einfluss verfügt.

a) Das Unterhaus

Es besteht aus 646 Abgeordneten (Members of Parliament = MPs), die spätestens nach 5 Jahren direkt vom Volk neu gewählt werden. Auch Wales, Schottland und Nordirland sind mit Abgeordneten im Unterhaus vertreten. Die wichtigsten Funktionen dieses Hauses sind:

- Es verabschiedet Gesetze.
- Es kontrolliert die Regierung.
- Es beschließt den Haushalt.
- Es diskutiert die wichtigsten politischen Fragen.

b) Das Oberhaus

Das Oberhaus besteht zur Zeit aus ca. 700 adligen Mitgliedern. Neben Vertretern des Erbadels *(hereditary peers)* sind dies heute vor allem so genannte *life peers,* also auf Lebenszeit ernannte Adlige. Dazu kommen einige kirchliche Vertreter *(lords spiritual)* und auf Lebenszeit geadelte Richter *(law lords).* Diese *law lords* fungieren als *High Court of Appeal,* also als höchstes Berufungsgericht in Großbritannien.
Die politische Tätigkeit des *House of Lords* beschränkt sich im Wesentlichen darauf, Gesetze zu überprüfen und Verbesserungsvorschläge zu unterbreiten. Der Einfluss des Oberhauses auf die englische Politik ist deshalb kaum mehr wahrnehmbar. Häufig wird daher gefordert, diese Instituition abzuschaffen. Folgende Argumente werden zumeist ins Feld geführt:

- ✦ Ein Staatsorgan, das sich überwiegend aus Vertretern des Adels zusammensetzt, ist nicht mehr zeitgemäß und mit den Prinzipien einer modernen Demokratie nicht mehr vereinbar.
- ✦ Dieses Organ repräsentiert nicht die Bevölkerung des Landes.

Die Regierung

Die Regierung des Landes besteht aus den Fachministern unter der Führung des Premierministers *(Prime Minister).* Derzeit (2005) ist das Tony Blair von der *Labour Party.*

Der Premierminister

- wählt und entlässt die Minister.
- bestimmt die Grundlinien der Politik.
- informiert das Parlament über die Politik der Regierung.
- informiert den König/die Königin.

Die Parteien

Die britische Politik wird im Wesentlichen von den zwei großen Parteien bestimmt: der Konservativen Partei *(Conservative Party)* und der Arbeiterpartei *(Labour Party)*. Auch wenn die Zuordnung gesellschaftlicher Gruppen zu den Parteien in den letzten Jahren zunehmend schwieriger geworden ist, lassen sich nach wie vor folgende Tendenzen feststellen:
Die **Conservative Party** ist traditionell die Partei der Mittel- und Oberschichten. Besonders im ländlichen Bereich und in den Vorstädten der großen Metropolen ist sie seit jeher stark vertreten. Heute repräsentiert die Konservative Partei vor allem die Wähler aus dem Süden Großbritanniens, der durch die Standorte der High-Tech- und der Dienstleistungsbranche geprägt ist. Ihre Ziele könnte man ganz grob so formulieren:

- Die Konservative Partei möchte staatliche Eingriffe in die Wirtschaft weitestgehend verhindern.
- Eine niedrige Inflation ist das vorrangige Ziel der Wirtschaftspolitik.

- Die Partei plädiert für eine gerechtere Verteilung von Staatsgeldern im Bildungs-, Wohlfahrts- und Gesundheitssystem.
- Die konservative Partei setzt sich für eine Privatisierung der ehemaligen Staatsbetriebe ein. Dieses politische Ziel wurde speziell in der Amtszeit der ehemaligen Premierministerin Margaret Thatcher konsequent umgsetzt.
- Die Partei kämpft für eine starke, eigenständige Außenpolitik Großbritanniens.
- Zu den Zielen der *Conservative Party* gehört des Weiteren die Einschränkung des Einflusses der Gewerkschaften.

Die **Labour Party** ist historisch betrachtet die Partei der Industriearbeiter. In einer Zeit, in der die Zahl der reinen Industriearbeiter immer weiter abnimmt, hat sich natürlich auch das Gesicht dieser Partei stark verändert. Besonders seit Tony Blair ihr Vorsitzender ist, hat sich die *Labour Party* als Partei der Mitte etabliert. Trotzdem hat sie ihre stärkste Anhängerschaft immer noch in der Mitte und im Norden des Landes, wo sich früher die industriellen Zentren Großbritanniens befanden. Die Menschen, die dort am meisten von der Arbeitslosigkeit und den Kürzungen der Sozialleistungen betroffen sind, zählen nach wie vor zu den wichtigsten Wählergruppen der Partei. Heute könnte man die politischen Ziele der *Labour Party* folgendermaßen beschreiben:

- ✦ Das oberste Ziel ist die Vollbeschäftigung.
- ✦ Das soziale Netz soll so weit wie möglich von Einschnitten verschont bleiben.
- ✦ Das staatliche Gesundheitssystem *(National Health Service = NHS)* muss deutlich verbessert werden.
- ✦ Eine Verbesserung des Erziehungswesens wird ebenfalls angestrebt.
- ✦ Das Bildungssystem soll verbessert werden.
- ✦ Die Politik der Armutsbekämpfung soll durch staatliche Anreize ausgebaut werden.
- ✦ Die Macht soll geteilt und staatliche Rechte zunehmend an Schottland, Wales und Nordirland zurückübertragen werden. Diesen Prozess nennt man im Englischen *devolution.*

Das Wahlsystem *(the electoral system)*
Nicht unumstritten ist das reine Mehrheitswahlsystem *(first-past-the-post-system)* des Vereinigten Königreiches. Nach diesem Wahlsystem ist das gesamte Staatsgebiet in Wahlbezirke *(constituencies)* unterteilt, in denen die Kandidaten der einzelnen Parteien gegeneinander antreten. Dabei gewinnt nur der Kandidat den zu vergebenden Sitz im *House of Commons,* der die einfache Mehrheit der abgegeben Wählerstimmen erhält. Die Stimmen, die auf die Kandidaten der anderen Parteien entfallen, sind dadurch wertlos. Dieses Wahlverfahren verhindert, dass sich das Parteiensystem in viele kleine Parteien aufsplittert und dass extremistische Parteien

von rechts oder links Sitze im Parlament gewinnen. Dadurch trägt das Wahlsystem zu einem hohen Maß an Stabilität und Kontinuität im politischen System Großbritanniens bei. Dieses Wahlverfahren hat jedoch auch einige Nachteile:

- Es ist ungerecht, insbesondere gegenüber kleineren Parteien, weil diese entweder gar nicht oder zumindest nicht proportional zu ihren Wählerstimmen im Parlament vertreten sind.
- Die Stimmen vieler Wähler sind so genannte Papierkorbstimmen, d.h., der politische Wille dieser Wähler wird im Parlament nicht repräsentiert.
- Es verzerrt den Wählerwillen, wie man an den Ergebnissen der Wahlen von 1997 sehen kann. Die *Labour Party* gewann mit 44 % der Stimmen 63 % der Sitze, die *Conservative Party* erhielt bei 31 % der Stimmen nur 25 % der Sitze, die *Liberal Democrats* gewannen nur 7 % der Sitze bei einem Stimmenanteil von 17 %.
- Es verfestigt das 2-Parteiensystem und bietet daher dem Wähler nur sehr wenige politische Alternativen.

1.3 Amerikanische Grundwerte

Ein Thema, das im Englischunterricht ebenso wie in den Abituraufgaben immer wieder auftaucht, ist die Entwicklung der amerikanischen Gesellschaft. In diesem Zusammenhang sollte man sich mit einigen grundsätzlichen

Begriffen der amerikanischen Geschichte und Identität vertraut machen. Diese Begriffe sind derart präsent, dass ihre Kenntnis als selbstverständlich vorausgesetzt wird. Sie sind Ihnen sicher auch schon gelegentlich begegnet, weshalb hier nur einige wenige Anmerkungen dazu gegeben werden.

American Dream

Der *American Dream* ist in seinen Grundzügen schon in der Unabhängigkeitserklärung *(Declaration of Independence)* vom 4. Juli 1776 niedergelegt, in der es heißt: *"We hold these thruths to be self-evident, that all men are created equal, that they are endowed by their creator with certain unalienable rights, that among these are life, liberty and the pursuit of happiness."* Aus diesem Zitat werden die einzelnen Elemente des *American Dream* ersichtlich, den sich so viele Auswanderer nach Nordamerika verwirklichen wollten:

- ✦ Das Ideal der Gleichheit *(equality)* bezieht sich auf die Vorstellung, alle Bürger des Landes sollten dieselben Möglichkeiten und Ausgangschancen besitzen, im Leben, im Beruf und in der Politik erfolgreich zu sein, unabhängig von Herkunft, Religion und Hautfarbe.
- ✦ Der Begriff der Freiheit *(liberty)* umfasst sowohl die persönliche Freiheit wie auch das Recht, seine religiösen, politischen und wirtschaftlichen Ideen frei verwirklichen zu können.

- Schwieriger zu fassen ist der Begriff des *pursuit of happiness,* also des Strebens nach Glück. Er entspricht etwa unserer Vorstellung von persönlicher Selbstverwirklichung und sozialem Aufstieg, also der Möglichkeit, sein Leben selber gestalten zu können. Das beginnt bei der Wahl eines geeigneten Berufes und endet mit der Vorstellung, ein jeder Bürger des Landes könne es im Leben zu etwas bringen, also *"from the log cabin to the White House", "from dish-washer to millionaire", "from rags to riches".* Amerika, das war die Idee, sollte das Land des Selfmade-Mannes, das Land der unbegrenzten Möglichkeiten *(the land of opportunities)* sein.

Hat sich der *American Dream* erfüllt? Viele Menschen, die in den USA ihr Glück suchten, konnten sicherlich ihre Träume von Freiheit und Wohlstand verwirklichen. Dennoch ist eine Diskrepanz zwischen den idealistischen Zielen und der gesellschaftlichen Realität nicht zu übersehen:

- Von Anfang an kam die indianische Urbevölkerung nicht in den Genuss der versprochenen gesellschaftlichen Errungenschaften.
- Den afroamerikanischen Sklaven wurden ebenfalls die elementarsten Grundrechte vorenthalten.
- Die Unterschiede zwischen Arm und Reich sind heute größer denn je.

- Diskriminierung und Benachteiligung der afroamerikanischen Bevölkerung in Politik, Wirtschaft und Gesellschaft bestehen zum Teil bis zum heutigen Tag fort.
- Die angestrebte Selbstbestimmung ist nach wie vor in entscheidendem Maße von materiellem Wohlstand abhängig.
- Der Aufstieg zu den höchsten Positionen in Politik und Wirtschaft erfordert in den Vereinigten Staaten heute mehr denn je den entsprechenden gesellschaftlichen Hintergrund.

Melting Pot

Die Theorie vom „Schmelztiegel Amerika“ besagt, dass die neuen Bürger des Staates, die ja aus den verschiedensten Ländern und Erdteilen kamen, ihre nationale Identität, ihre Sprache, ihre Sitten und Gebräuche aufgaben, um voll und ganz Amerikaner zu werden. Das ist bis zu einem gewissen Grad durchaus richtig. Mit Nachdruck wurde und wird bis heute von den Neuankömmlingen verlangt, dass sie die Landessprache so schnell wie irgend möglich erlernen, dass sie den Symbolen des Landes, der Fahne und der Hymne Respekt zollen und den typischen *American Way of Life* übernehmen. Tatsächlich ist es den Vereinigten Staaten auf diese Weise besser als anderen Ländern gelungen, viele Menschen aus verschiedenen Nationen und Völkern in einem Staat zu integrieren. Dennoch ist das Konzept des *melting pot* ebenso wenig wie das des *American Dream* vollständig verwirklicht worden:

- Die verschiedenen Einwanderergruppen blieben in der neuen Heimat häufig unter sich, man denke nur an die vielen *Little Italies* oder *Little Chinas* in den amerikanischen Großstädten.
- Spanisch ist in den USA mittlerweile fast eine zweite Landessprache geworden. Die Verlautbarungen des Weißen Hauses etwa kann man unter *www.white-house.gov* auch in spanischer Sprache lesen.
- Das Zusammenleben der weißen und der farbigen Bevölkerung ist zum Teil auch heute noch nicht frei von Vorurteilen und Problemen.
- Man verwendet deshalb heute andere Bilder, um das Zusammenleben der verschiedenen gesellschaftlichen Gruppen zu illustrieren. Man spricht etwa von den Vereinigten Staaten von Amerika als einer *salad bowl,* in der die verschiedenen Zutaten erkennbar und erhalten bleiben, sich aber zu einem harmonischen Ganzen zusammenfügen.

Frontier

Die Idee vom Schmelztiegel ist eng verbunden mit der Theorie des *frontier spirit.* Diese geht zurück auf einen berühmten Aufsatz des amerikanischen Historikers Frederick Jackson Turner aus dem Jahr 1893 mit dem Titel *The Significance of the Frontier in American History.* Das

Leben an dieser im 19. Jahrhundert sich nach Westen verschiebenden Grenze war geprägt von schwierigen Lebensumständen, von Einsamkeit und dem Kampf des Einzelnen ums Überleben. Deshalb enstanden aus der Erfahrung dieser *frontier* wesentliche Züge des amerikanischen Nationalcharakters: demokratische Grundeinstellung, Wagemut, Abneigung gegen jede Form von Kontrolle durch den Staat, die Forderung sich mit Waffen selbst verteidigen zu dürfen, Selbstbewusstsein, Selbstbestimmung, Stärke, Durchhaltevermögen und die Bereitschaft, immer mobil zu sein, immer neue Herausforderungen zu suchen und stets neue Wege zu beschreiten.

In einer berühmten Wahlkampfrede hat der spätere Präsident J. F. Kennedy diese Idee aufgegriffen und von *new frontiers* gesprochen. Er bezeichnete damit die Herausforderungen der 60er-Jahre des 20. Jahrhunderts wie z. B. das Problem des Bevölkerungswachstums, der Bildung, der Wissenschaft und der fortschreitenden Automatisierung in der Wirtschaft. Im Juni 2005 wählte das Nachrichtenmagazin *Newsweek* für einen Bericht über neue Entwicklungen im Medienbereich die Überschrift *Next Frontiers.* Der Begriff der *frontier* hat also im übertragenen Sinn bis heute seine Bedeutung für die amerikanische Gesellschaft behalten (auch wenn die geografische Grenze seit der Besiedelung der Westküste im 19. Jahrhundert endgültig festgelegt ist).

Einwanderung ***(immigration)***

Bis zu den 80er-Jahren des 19. Jahrhunderts konnte praktisch jeder in die USA einwandern. Seitdem wurde jedoch eine ganze Reihe von Gesetzen erlassen, die die Einwanderung steuern und begrenzen. Zu den wichtigsten Regelungen zählen:

- 1882: Der *Chinese Exclusion Act* untersagt Chinesen die Einwanderung.
- 1917: Ein Lese- und Rechtschreibtest *(literacy test)* wird verpflichtend eingeführt. Damit soll der Einwanderung aus Süd- bzw. Osteuropa ein Riegel vorgeschoben werden.
- 1924: Ein Quotensystem legt fest, wie viele Einwanderer aus welchen Ländern zugelassen werden. Es begünstigt in besonderer Weise Einwanderer aus Nord- und Westeuropa.
- Während des Kalten Kriegs werden Sonderquoten für Flüchtlinge aus Ungarn, Kuba oder die *boat people* aus Vietnam eingeführt.
- 1965: Das Quotensystem wird aufgehoben und die Zahl der Einwanderer auf 290 000 pro Jahr begrenzt.
- 1990: Der *Immigration Act* legt eine neue Obergrenze für Einwanderer fest.
- Vorrang hat dabei die Familienzusammenführung und die Anwerbung besonders gut ausgebildeter Fachkräfte.

- 1996: *Illegal Immigration Reform:* Illegale Einwanderer *(illegal aliens)* können jetzt leichter abgeschoben werden.
- Heute wird die Einwanderung in die USA v. a. über die Vergabe von *Greencards* gesteuert. Das sind zeitlich unbefristete Aufenthalts- und Arbeitsgenehmigungen, die nach einem Quotensystem in einem jährlichen Losverfahren an Einwanderungswillige aus der ganzen Welt vergeben werden. Auch durch die Hochzeit mit einem US-Bürger und durch den Nachweis wertvoller Qualifikationen für den US-Arbeitsmarkt ist es möglich, eine *Greencard* zu bekommen.
- Problematisch ist heute v. a. die hohe Zahl an illegalen Einwanderern aus Mexiko. Allerdings sind diese zugleich ein fester Bestandteil der US-amerikanischen Wirtschaft.

1.4 Meilensteine amerikanischer Außenpolitik nach 1945

Hatten sich die Vereinigten Staaten nach dem 1. Weltkrieg aus Europa zurückgezogen, so schlugen sie nach 1945 einen gänzlich anderen Weg ein. Angesichts der Ausbreitung des Sowjetkommunismus in Osteuropa sahen sie es als ihre Aufgabe an, Frieden und Demokratie nach Europa zu bringen und den Kontinent zu stabilisieren.

Die Truman-Doktrin (1947)

Die Truman-Doktrin, benannt nach dem ehemaligen US-Präsidenten Harry S. Truman, beschreibt das Ziel der USA, denjenigen Staaten militärisch und wirtschaftlich beizustehen, die sich vom Kommunismus der UdSSR bedroht fühlten.

Der Marshall-Plan (1947)

Der englische Titel des Marshall-Plans *(European Recovery Programme)* verweist auf Inhalt und Bedeutung dieses wirtschaftlichen Aufbauprogramms. Auf Grundlage dieses Plans wurde west- und mitteleuropäischen Staaten nach dem 2. Weltkrieg umfangreiche materielle und finanzielle Aufbauhilfe gewährt. Insgesamt 16 Staaten, darunter auch die spätere Bundesrepublik Deutschland, wurden auf diese Weise von den USA unterstützt.

Die NATO *(North Atlantic Treaty Organisation)*

Dieses westliche Verteidigungsbündnis entstand Ende der 40er-Jahre des 20. Jahrhunderts. Sein Zweck bestand darin, eine potenzielle Aggression von Seiten der UdSSR abzuwehren. Die NATO diente im Kalten Krieg als Instrument zur Durchführung der so genannten *containment policy,* also der Politik, die den Einfluss der Sowjetunion in vielen Staaten der Erde eindämmen sollte. Heute umfasst die Kooperation der Mitgliedstaaten nicht nur militärische, sondern auch wirtschaftliche und kulturelle Maßnahmen.

Der Vietnam-Krieg

Das Trauma der amerikanischen Geschichte im 20. Jahrhundert ist sicherlich der Vietnam-Krieg. Aus der Unterstützung des amerikafreundlichen Südvietnam heraus ergab sich Amerikas Einmischung in den Krieg gegen das von China und der Sowjetunion geförderte Nordvietnam. Die damals in den USA populäre Domino-Theorie besagte, Südvietnam müsse um jeden Preis gehalten werden, da sonst wie in einem Dominospiel weitere Länder der Region dem Herrschaftsbereich der Sowjetunion zufallen könnten. Ab 1968 waren eine halbe Million amerikanischer Soldaten in Vietnam stationiert. Der Krieg endete für die USA erst 1973 mit dem Abzug der amerikanischen Soldaten aus Vietnam.
Der Krieg brachte eine massive Protestbewegung und zahlreiche Gruppen und Organisationen hervor, die aus verschiedenen Gründen gegen diesen Krieg demonstrierten:

- Er erschien vielen Menschen als moralisch zutiefst verwerflich.
- Die täglichen Bilder von den Gräueltaten an der vietnamesischen Zivilbevölkerung schockierten die Menschen.
- Er hatte massive negative wirtschaftliche Folgen.
- Er war dem internationalen Ansehen der USA abträglich.
- 50 000 amerikanische Soldaten verloren ihr Leben.

Das Ende des Kalten Krieges

Der Zusammenbruch der UdSSR und ihrer Satellitenstaaten zu Beginn der 90er-Jahre des 20. Jahrhunderts hat das internationale Kräfteverhältnis nachhaltig beeinflusst. Die USA sind seitdem die einzige echte Weltmacht, die den Gang der internationalen Politik wesentlich mitbestimmt.

1.5 Großbritannien im 20. Jahrhundert

Vom Empire zum Commonwealth of Nations

Zu Beginn des 20. Jahrhunderts herrschte Großbritannien über das größte Reich, das es je gegeben hat. Das British Empire umfasste etwa ein Viertel der damaligen Weltbevölkerung und etwa ein Fünftel der Erdoberfläche. Großbritanniens Einfluss auf Afrika und Asien, auf deren Einrichtungen, Sprache und Kultur ist bis heute spürbar. Zu den wichtigsten Kolonien dieses nach Königin Victoria (1819–1901) auch *Victorian Empire* genannten Reiches zählten Indien, Südafrika, Australien, Neuseeland, Hong Kong, Singapur und Nigeria. Ein Drittel Afrikas und der gesamte indische Subkontinent unterstanden der britischen Herrschaft. Natürlich wurden diese Kolonien in erster Linie als Rohstofflieferanten und Absatzmärkte für Großbritannien angesehen. Ideologisch begleitet wurde diese Politik des Imperialismus durch die Theorie, es handle sich bei der Herrschaft Großbritanniens über ein Viertel der Weltbevölkerung um *„the white man's burden"*. Der Begriff wurde von Rudyard Kipling, dem Autor des *Dschungelbuchs* geprägt. Er besagt, dass England die schwere Pflicht auf sich genommen habe, Zivilisation, Kultur und Fortschritt in die von ihm beherrschten Erdteile zu bringen. Im Verlauf der ersten Hälfte des 20. Jahrhunderts verlor Großbritannien die Herrschaft über sein Kolonialreich. Auslöser dieser Entwicklung waren:

- Staaten wie Kanada, Australien oder Neuseeland forderten Unabhängigkeit vom ehemaligen Mutterland.
- Die britische Kolonialherrschaft – speziell in Indien – trifft auf immer weiter um sich greifende Vorbehalte. Diese werden von Mahatma Gandhi aufgegriffen und in eine gewaltfreie Form des Widerstandes eingebettet.
- Die jungen Staaten Afrikas rufen spätestens nach dem 2. Weltkrieg nach Unabhängigkeit von den Kolonialherren.

Commonwealth

1931 wurde erstmals der Begriff *British Commonwealth of Nations* verwendet, 1951 entfiel das Wort *British*. Die Organisation umfasst heute 53 unabhängige Staaten, die sich freiwillig zusammengeschlossen haben. Diese 53 Staaten stellen etwa ein Drittel der Weltbevölkerung. Das *Commonwealth* beschreibt seine Ziele selbst folgendermaßen:

- the protection and promotion of the fundamental political values of the Commonwealth: democracy, democratic processes and institutions which reflect national circumstances, the rule of law and the independence of the judiciary, just and honest government; fundamental human rights, including equal rights and opportunities for all citizens regardless of race, colour, creed or political belief;
- equality for women;
- provision of universal access to education;
- the promotion of sustainable development and the alleviation of poverty in the countries of the Commonwealth;
- effective population policies and programmes;
- the freest possible flow of multilateral trade;
- an adequate flow of resources from the developed to developing countries;
- the development of human resources, in particular through education, training, health, culture, sport and programmes for strengthening family and community support;
- effective and increasing programmes of bilateral and multilateral co-operation aimed at raising living standards; extending the benefits of development within a framework of respect for human rights;
- the protection of the environment through respect for the principles of sustainable development.

for more information see: www.thecommonwealth.org

Großbritannien nach dem 2. Weltkrieg

Großbritannien ging zwar als eine der Siegermächte aus dem 2. Weltkrieg hervor, gleichzeitig markierte dieser jedoch das Ende Großbritanniens als Weltmacht, denn:

- ✦ Der Krieg hatte das Vereinigte Königreich wirtschaftlich geschwächt und für eine massive Verschuldung gesorgt.
- ✦ Das Empire löste sich nach und nach auf, Großbritanniens globalpolitischer Einfluss schwand.
- ✦ Mit der Sowjetunion war eine neue Weltmacht in die Weltpolitik eingetreten.
- ✦ Militärisch war England nur noch von nachrangiger Bedeutung.

Die wirtschaftliche Entwicklung

In der zweiten Hälfte des 20. Jahrhunderts vollzogen sich in der Wirtschaft Großbritanniens nachhaltige Veränderungen. Die „alten" Industrien, die England reich und mächtig gemacht hatten (Schiffbau, Kohleförderung, Stahlerzeugung), waren unrentabel geworden, die Produkte auf dem Weltmarkt nicht mehr konkurrenzfähig. Um den massiven Verlust von Arbeitsplätzen zu vermeiden, verstaatlichte die Regierung zahlreiche Betriebe, ja ganze Wirtschaftszweige. Um die sozialen Probleme, die sich aus dem wirtschaftlichen Übergang ergaben, abzumildern, wurde die Politik der Verstaatlichung durch ein umfangreiches staatliches Programm von Sozialleistungen ergänzt.

Das Nord-Süd-Gefälle
Die Arbeiter, die in der Schwerindustrie des Nordens ihre Arbeit verloren hatten, zogen in großer Zahl in den Süden des Landes. Dort entwickelte sich in den 70er- und 80er-Jahren eine neue wirtschaftliche Struktur, geprägt von Hochtechnologie, Elektroindustrie und Dienstleistungsfirmen. Aus diesen Veränderungen heraus entwickelte sich der so genannte *North-South-Divide.* Dieser Begriff verweist darauf, dass die Lebensverhältnisse im Norden und Süden des Landes sehr unterschiedlich sind. Während der Süden der Insel zu den reichsten Regionen Europas gehört, wird der Norden von hoher Arbeitslosigkeit und sozialen Problemen geplagt. Vergleicht man Lebensstandard, Lebenserwartung, Gesundheitsvorsorge und Durchschnittseinkommen, so liegt in allen Punkten der Süden weit vor dem Norden.

Margaret Thatcher
Margaret Thatcher war von 1979 bis 1990 Premierministerin Großbritanniens. Mit den folgenden Worten hat sie ihr Regierungsprogramm in Kurzform umrissen:

I came to office with one deliberate intent: to change Britain from a dependent to a self-reliant society – from a give-it-to-me to a do-it-yourself nation. To a get-up-and-go, instead of a sit-back-and-wait-for-it Britain.

Was heißt das konkret? Zu ihren wichtigsten politischen und wirtschaftlichen Reformen zählten:

- Die Staatsausgaben wurden gekürzt, um die Inflation einzudämmen.
- Die Unternehmenssteuern und die Steuern für Spitzenverdiener wurden drastisch gesenkt.
- Die Macht der Gewerkschaften wurde eingeschränkt.
- Die nach dem Krieg verstaatlichten Betriebe (z. B. *British Steel, British Rail*) wurden privatisiert.
- Sozialwohnungen wurden in private Eigentumswohnungen umgewandelt.

New Labour

Nachdem die *Conservative Party* unter Margaret Thatcher und ihrem Nachfolger John Major die politische und gesellschaftliche Entwicklung Großbritanniens von 1979–1997 maßgeblich geprägt hatte, übernahm im Mai 1997 der Vorsitzende der *Labour Party,* Tony Blair, das Amt des Premierministers. Blair hatte bereits zuvor für eine inhaltliche Neuausrichtung seiner Partei gesorgt und diesen programmatischen Wandel der Arbeiterpartei mit dem Begriff *New Labour* umschrieben. Folgende Veränderungen kennzeichnen die Politik von *New Labour:*

- In der Wirtschaftspolitik setzte die Partei verstärkt auf einen wirtschaftsliberalen, unternehmerfreundlichen Kurs statt auf eine Politik staatlicher Eingriffe.
- Es erfolgte eine zunehmende Loslösung der Partei von ihren klassischen Wählerschichten (Gewerkschaften, Arbeiterklasse) und eine Annäherung an die breite Mittelschicht.
- Schul- und Gesundheitssystem des Landes sollen verbessert werden.
- Das *Welfare-to-work*-Programm will Langzeitarbeitslose für den Arbeitsmarkt qualifizieren.

Großbritannien und Europa

Im Folgenden finden Sie einige Stichpunkte zu einem aktuellen Thema, das sowohl in Großbritannien als auch auf dem europäischen Festland nach wie vor Gegenstand politischer Diskussionen ist – Großbritanniens Rolle in der EU:

- Großbritannien ist seit 1973 Mitglied der EU.
- Ihm wurde 1980 eine Reduzierung seiner Zahlungen in die Kassen der EU zugesprochen.
- Großbritannien hat den Euro noch nicht eingeführt. Ob und wann dies geschehen soll, ist noch offen.
- Es ist erst zum Beitritt zur Eurozone bereit, wenn bestimmte Kriterien erfüllt sind.
- Eine Abstimmung über die EU-Verfassung wurde im Vereinigten Königreich zunächst verschoben.

Die Republik Irland und Nordirland

1921 wurde Irland, das bis dahin fester Bestandteil des Vereinigten Königreichs war, nach politischen und militärischen Auseinandersetzungen mit Großbritannien in zwei Teile aufgespalten: in die unabhängige Republik Irland und die weiterhin zum Vereinigten Königreich gehörende autonome Provinz Nordirland. Die Bevölkerung der Republik ist seit jeher überwiegend römisch-katholisch und tritt für die Unabhängigkeit Irlands ein. Im Gegensatz dazu bekennt sich die Mehrheit der Einwohner Nordirlands zum protestantischen Glauben und macht sich für eine enge Anbindung Nordirlands an die britische Regierung stark. Die daraus resultierenden ethnischen Spannungen zwischen den Bevölkerungsgruppen und zwischen den Regierungen der Republik Irland und Großbritanniens konnten auch durch die politische Teilung nicht überwunden werden. So erhielt die Führung der Republik Irland bis in die 1990er-Jahre offiziell den Anspruch auf die Eingliederung Nordirlands aufrecht. In Nordirland, das teilweise auch als *Ulster* bezeichnet wird, bestimmte dagegen die protestantische und pro-britische Mehrheit das gesellschaftliche und politische Geschehen und benachteiligte die katholische Minderheit.

Im Verlauf des 20. Jahrhunderts kam es deshalb zwischen Katholiken und Protestanten immer wieder zu politischen und gewaltsamen Konflikten um den Status

Nordirlands. Ende der 1960er-Jahre verschärften sich die Auseinandersetzungen, als sich die Übergriffe protestantischer Extremisten auf katholische Wohngebiete häuften. Die *IRA (Irish Republican Army)* versuchte nun verstärkt, mit gewaltsamen Mitteln die englische Herrschaft über Nordirland zu beenden und die Vereinigung Irlands gegen den Willen der pro-britischen Mehrheit in Nordirland durchzusetzen. Um die brisante Lage zu stabilisieren, entsandte die britische Regierung 5000 Soldaten zur Unterstützung der nordirischen Polizei. Allerdings wurden auch die britischen Soldaten zunehmend in die Auseinandersetzungen verwickelt und erschossen am 30. Januar 1972, dem so genannten *Bloody Sunday,* 13 Teilnehmer einer verbotenen Demonstration. Durch die Einrichtung eines eigenen Nordirlandministeriums in London übernahm die britische Regierung 1972 wieder die direkte Verwaltungshoheit über Nordirland. Infolge dessen verschärfte sich der Nordirlandkonflikt – die 70er- und 80er-Jahre hindurch war Nordirland von bürgerkriegsähnlichen Zuständen geprägt. Alle Versuche, eine Lösung des Konflikts auf dem Verhandlungswege herbeizuführen, scheiterten in dieser Zeit.

Zu einem wirklichen Durchbruch in den Friedensverhandlungen kam es erst 1998 mit der Unterzeichnung des so genannten Karfreitagsabkommens *(Good Friday Agreement).* Die beteiligten Konfliktparteien (britische und irische Regierung sowie Vertreter von Katholiken und Protestanten) einigten sich darin auf eine friedliche Beilegung des Konflikts und die Errichtung einer Regionalregierung in Nordirland. Die Vereinbarungen des *Good Friday Agreement* wurden in Volksabstimmungen sowohl in Nordirland als auch in der irischen Republik bestätigt, die damit auch auf ihren Anspruch auf Nordirland verzichtete. Nachdem der Friedensprozess durch das Wiederaufflammen von Gewalt und Terrorismus und den Streit um die Entwaffnung der militanten Organisationen zwischenzeitlich ins Stocken geraten war, wurde die Selbstverwaltung Nordirlands immer wieder unterbrochen. Erst seitdem die IRA mit einer Gewaltverzichtserklärung der IRA am 28. Juli 2005 das Ende ihres bewaffneten Kampfes bekannt gab, scheint die Fortführung des Friedensprozesses endgültig gesichert zu sein.

Neben diesem Konflikt, der das politische und gesellschaftliche Geschehen in Irland im 19. und 20. Jahrhundert maßgeblich prägte, litten die Bewohner der Insel in dieser Zeit zusätzlich immer wieder unter massiven wirtschaftlichen Problemen. Die Folgen dieser Wirtschaftskrisen waren oftmals schwere Hungersnöte, hohe Arbeitslosigkeit, ein niedriger Lebensstandard und mehrere große Auswanderungswellen. Durch den Beitritt der Republik Irland zur Europäischen Union 1973 konnten die ökonomischen Probleme bis heute zumindest teilweise überwunden werden.

- Kommentieren Sie nicht. Wendungen wie *I think, in my opinion, as far as I can see, probably* usw. gehören deshalb nicht in die Antwort auf eine reine Verständnisfrage.
- Verwenden Sie keine Zitate! Geben Sie den Text in Ihren eigenen Worten wieder.
- Lesen Sie die Frage genau durch. Manchmal gibt die Frage schon die Struktur der Antwort vor. Wenn in einer literarischen Textaufgabe gefordert wird: *Describe her/his appearance, habits and character,* dann liegt die Gliederung Ihrer Antwort auf der Hand. Ihre Antwort wird dann aus den drei geforderten Aspekten bestehen.
- Zusätzliche Informationen, die Sie selbst ergänzend zum Thema beitragen könnten, sind in diesem Fall nicht gefragt. Tun Sie einfach so, als hätten Sie über das Thema des Textes vorher noch nie etwas gehört.
- Schreiben Sie nicht einfach drauflos, sondern strukturieren Sie Ihre Antwort. Hilfreich ist es dabei auch, wichtige Informationen im Text (eventuell mit unterschiedlichen Farben) zu unterstreichen.
- Bündeln Sie jeweils die Gedanken des Autors und bilden Sie daraus einzelne Punkte, die voneinander klar abgegrenzt sind.
- Verbinden Sie die einzelnen Aspekte Ihrer Antwort mit Ausdrücken wie *moreover, what is more, besides, on the other hand, the author adds …*

TIPP

Versuchen Sie in Ihrem Antworttext immer, die verschiedenen inhaltlichen Aspekte klar zu trennen, sie aber sprachlich dennoch zu verbinden, sodass Ihre Antwort flüssig und gut gegliedert wirkt. Auf diese Weise werden Sie den Korrektor für sich einnehmen; vorausgesetzt natürlich, Sie haben die Frage inhaltlich richtig beantwortet.

Probieren Sie es doch einmal aus! Nehmen Sie sich die Texte aus Teil II und III des Buches vor, beantworten Sie einzelne Fragen und vergleichen Sie Ihre Antworten mit den jeweiligen Musterlösungen. Wenn Ihre Antworten anders gegliedert sind, macht das gar nichts. Sie sollten aber darauf achten, dass die wichtigen Punkte der Musterlösung auch in Ihrem Text vorkommen.

Fragen zu Aufbau, Stil und Adressaten des Textes
Jetzt geht es um Fragen, die nicht mehr allein mit dem Verständnis zu tun haben, sondern mit journalistischen Tricks und Kniffen, die der Autor verwendet hat.

Beispiel

What is the function of the introductory paragraph?

Hier ist die Antwort leicht zu geben. Natürlich soll der erste Absatz eines Artikels den Leser zum Weiterlesen verführen. Also wird der Autor in diesen ersten Zeilen möglichst interessante Fragen aufwerfen, verblüffende Fakten nennen und das Problem, um das es ihm geht, vorstellen. Hier ein kleines Beispiel. Dieser Artikel über die deutsche Wirtschaft wird vom Autor folgendermaßen begonnen:

What do Chinese breweries, Brazilian water bottlers and Italian dairy cooperatives have in common? Krones AG. The German company controls a quarter of the world's market for state-of-the-art bottling equipment. It ships 82 percent of its production abroad; its order book is backlogged to the tune of € 686 million. With revenues doubling since 1995, its 7,300 highly trained specialists have grown used to working overtime.

from: Newsweek, June 6, 2005

Ihre Antwort auf die Frage von S. 43 könnte in diesem Fall folgende Formulierungen enthalten:

Beispiele

This paragraph starts by asking a puzzling question.
It thus arouses the reader's interest/catches the reader's attention.
It introduces the issue.
It states the problem/question/issue.
It indicates the importance/size of the matter.

It surprises the reader with the most amazing information available at the moment …

Oftmals beziehen sich die Fragen zum Text auch auf den **Stil** bzw. die **Wortwahl des Autors**.

Beispiel

Analyse the author's tone!

Diese Frage ist zunächst einmal einfach zu verstehen, denn wir wissen ja aus unserem Alltag, dass Menschen in verschiedenen Situationen auch verschieden sprechen. Ihr Lehrer kann einmal sehr ernst, ein anderes Mal aber heiter und humorvoll mit Ihnen reden. Das ist natürlich auch in Texten so, egal ob es sich um Sachtexte oder literarische Texte handelt. Natürlich ist der Ton des Autors von seinem Thema abhängig, denn es ist ja klar, dass er über schwierige politische oder wissenschaftliche Zusammenhänge nicht im heiteren Plauderton schreiben wird. Mit folgenden Adjektiven können Sie den Ton eines Textes beschreiben:

Beispiele

ironic
humorous
joking
sarcastic
cynical

earnest
solemn
angry
aggressive
insulting
provocative

Natürlich ist es in einer Fremdsprache viel schwieriger, den Ton eines Autors herauszuhören als in muttersprachlichen Texten, aber mit ein wenig Übung geht es ganz gut. Lesen Sie beispielsweise den Text auf S. 165 ff. aufmerksam durch und versuchen Sie, den jeweiligen Ton zu beschreiben, den die Familienmitglieder verwenden.

Eine weitere Frage könnte möglicherweise sein, wer mit dem vorliegenden Text **vorrangig angesprochen** wird.

Beispiel

What kind of reader is the text intended for?

Diese Frage ist in der Regel leicht zu beantworten. Es ist normalerweise davon auszugehen, dass ein Text, der im Abitur vorgelegt wird, aus einer seriösen Zeitschrift oder einem ernst zu nehmenden Buch stammt. Diese Tatsache allein spricht dafür, dass ein gebildeter, gut informierter Leser angesprochen ist. Das lässt sich an den folgenden Aspekten belegen:

A well-educated, politically/culturally interested reader is appealed to by:

- the source (Time, Newsweek, Guardian, Economist);
- the content: knowledge of history, politics, arts, economy is needed to understand the text;
- vocabulary: educated words, often derived from Latin;
- style: figures of speech, complex sentence structure.

2.2 Summary

Ein *summary*, wie Sie es aus der Mittelstufe kennen, müssen Sie im Abitur sicher nicht verfassen. Aber eine inhaltliche Zusammenfassung einer längeren Textpassage kann durchaus von Ihnen verlangt werden. Häufig soll der Gedankengang des Autors ganz oder teilweise in Kurzform dargelegt werden. Es ist deshalb bestimmt von Nutzen, sich noch einmal vor Augen zu führen, was man bei dieser Aufgabenform beachten muss.

Was ist ein *summary?*

Ein *summary* ist eine kurze Zusammenfassung der wichtigsten Aspekte eines Textes oder einer Textpassage in eigenen Worten. Genau genommen besteht die Arbeit darin, ausschließlich das zu berichten, was der Autor geschrieben hat. Wertungen abzugeben oder die Aussagen des Autors zu unterstützen bzw. zu widerlegen, ist nicht die Aufgabe eines *summary*. Ein *summary* sollte im Umfang etwa ein Drittel bis ein Viertel des Originaltextes betragen.

Arbeitsschritte für die Anfertigung eines *summary:*

1. Lesen Sie sich den Text sorgfältig durch und unterstreichen Sie wichtige Stellen.
2. Suchen Sie einen oder zwei zentrale Sätze heraus, die die Meinung bzw. die Hauptaussage des Autors beinhalten.
3. Unterteilen Sie den Text in Abschnitte, die jeweils inhaltlich zusammengehören.
4. Fassen Sie jeden Abschnitt in ein bis zwei Sätzen zusammen und streichen Sie dabei inhaltliche Wiederholungen.
5. Beginnen Sie Ihr *summary* mit der Hauptthese des Autors.
6. Nun folgen die zusammenfassenden Sätze für jeden einzelnen Abschnitt. Achten Sie darauf, dass Textteile weggelassen werden, die keine zusätzliche Information enthalten, d. h., die „heiße Luft" muss raus.
7. Verwenden Sie, soweit es geht, Ihre eigenen Formulierungen und vermeiden Sie Zitate. Sollten Sie nicht umhinkommen, wörtliche Zitate aus dem Text zu übernehmen, müssen Sie diese durch Anführungszeichen kenntlich machen.
8. Überprüfen Sie Ihren Entwurf. Sind alle wichtigen Ideen enthalten?
9. Verfassen Sie Ihren Text im Präsens.

10. Achten Sie darauf, dass der Text flüssig geschrieben ist. Verbinden Sie also die einzelnen Passagen mit Wörtern wie *in addition, moreover, on the other hand, what is more, however, finally.*
11. Schreiben Sie das *summary* so, dass jemand, der den Text nicht kennt, sofort weiß, worum es geht.
12. Überprüfen Sie am Ende noch einmal Grammatik, Stil und Rechtschreibung.

2.3 Stylistic devices

Die Frage nach den Stilmitteln wird sehr häufig gestellt und ist bei Schülern normalerweise eher unbeliebt. Dabei ist es gar nicht so schwierig, die wichtigsten Stilmittel herauszufinden, da Sie viele von ihnen selbst dauernd verwenden. So sagen Sie z. B. „Ja toll", meinen dabei aber das Gegenteil und schon haben Sie das Stilmittel der Ironie verwendet. Im Folgenden werden die sprachlichen Mittel kurz erklärt und mit Beispielen versehen, die in Abituraufgaben häufig zu finden sind:

irony

Von *irony* spricht man, wenn das Gegenteil von dem gemeint ist, was gesagt wird.

Beispiel

Eine der Abituraufgaben in Teil III ist mit *Dream on, America* überschrieben. Gemeint ist aber:

synecdoche

synecdoche bedeutet, dass ein Teil oder eine Eigenschaft einer Sache mit dieser gleichgesetzt wird.

Beispiele

The White House (= the government of the USA)
The Crown (= the Queen)
Empty pockets (= poverty)

rhetorical question

Auf eine solche Frage wird keine Antwort erwartet, weil diese für jeden ersichtlich ist.

Beispiele

Was this really necessary? (Of course not.)
Do you really believe this? (I don't think you do.)

antithesis

Hiermit werden Gegensätze verdeutlicht und hervorgehoben. Die Struktur der Satzglieder ist dabei meist ähnlich.

Beispiel

That's one small step for a man, one giant leap for mankind.

Neil Armstrong

Natürlich ließe sich die Liste der Stilmittel noch verlängern, aber wenn Sie nach den hier genannten Strukturen Ausschau halten, werden Sie sicher genügend Beispiele in Ihrem Text finden, die auch tatsächlich aussagekräftig sind.
Daneben gibt es weitere Stilmittel, die Sie sicher auch aus dem Deutschunterricht kennen (z. B. *alliteration, repetition* etc.) und die sich in nahezu jedem Text finden lassen.
Meist genügt es aber nicht, die Stilmittel zu nennen und zu erklären, sondern es wird von Ihnen verlangt, die Wirkung dieser Stilmittel auf den Leser zu erläutern. Grundsätzlich kann ein Stilmittel folgende Funktionen erfüllen:

- *it arouses the reader's interest*
- *it catches the reader's attention*
- *it involves the reader*
- *it makes the reader think about …*
- *it creates vivid/graphic images*
- *it underlines the importance of …*
- *it hammers home the message that …*
- *it amuses/entertains the reader*
- *it criticizes/satirizes the idea …*
- *it evokes associations*
- *it creates a humorous effect*
- *it intensifies a statement*
- *it shows the author's anger/personal involvement*

- *it puts emphasis on the idea ...*
- *it stresses the idea ...*

Gehen Sie bei der Beantwortung der Frage nach den Stilmitteln und ihrer Funktion am besten immer in drei Schritten vor:

1. Zitieren Sie die betreffende Passage aus dem Text, indem Sie den exakten Wortlaut angeben.
2. Benennen Sie das Stilmittel, das vom Autor verwendet wird.
3. Erklären Sie, welche Wirkung dieses im konkreten Zusammenhang hat.

Beispiel

1. In line 27 the author speaks of "... truckloads of European subsidies ...".
2. This metaphor stands for large amounts of money.
3. It illustrates the huge size of money given.

2.4 Point of view / narrative perspective

Eine Fragestellung, die in einer literarischen Textaufgabe sicher vorkommen wird, ist die Frage nach der Erzählperspektive *(point of view / narrative perspective)*. Hierbei soll gezeigt werden, von wem, aus wessen Sicht bzw.

aus welchem Blickwinkel heraus eine Geschichte erzählt wird. Grundsätzlich gibt es zwei Erzählperspektiven:

a) die Ich-Erzählung *(first-person narrative)*,
b) die Er-Erzählung *(third-person narrative)* in verschiedenen Varianten.

Zu a)

Hier der Beginn einer berühmten Geschichte von E. A. Poe als Beispiel für eine Ich-Erzählung:

Beispiel

TRUE! – nervous – very, very dreadfully nervous I had been and am; but why *will* you say that I am mad? The disease had sharpened my senses – not destroyed – not dulled them. Above all was the sense of hearing acute. I heard all things in the heaven and in the earth. I heard many things in hell. How, then, am I mad? Hearken! and observe how healthily – how calmly I can tell you the whole story. It is impossible to say how first the idea entered my brain; but once conceived, it haunted me day and night. Object there was none. Passion there was none. I loved the old man. He had never wronged me. He had never given me insult. For his gold I had no desire. I think it was his eye! yes, it was this! He had the eye of a vulture – a pale blue eye, with a film over it. Whenever it fell upon me, my blood ran cold;

and so by degrees – very gradually – I made up my mind to take the life of the old man, and thus rid myself of the eye forever. Now this is the point. You fancy me mad. Madmen know nothing. But you should have seen *me*.

Edgar Allan Poe, "The Tell-Tale Heart"

Sie können an diesem Beispiel sehr gut die Besonderheiten der Ich-Erzählung ablesen:

- Man erfährt nur, was der Erzähler sagt und denkt.
- Man kann dem, was er sagt, nicht in jedem Fall trauen, weil es nur die subjektiven Empfindungen und das begrenzte Wissen des Erzählers widerspiegelt.
- Man bekommt einen guten Einblick in die Gedankenwelt des Erzählers.

Beispiel

In diesem Fall erfährt man, welchen Gedanken sich ein Psychopath hingibt und weshalb er einen unschuldigen alten Mann ermordet (weil der das Auge eines Geiers hat).

Eine Besonderheit innerhalb der Ich-Erzählung stellt der *self-conscious narrator* dar. Es handelt sich dabei um eine Person, die sich ihrer Rolle als Erzähler bewusst ist und eventuell sogar dem Leser anbietet, ihn durch das

Geschehen zu führen. Ein berühmtes Beispiel hierfür ist der Erzähler in Henry Fieldings Roman „Tom Jones".

Beispiel

An author ought to consider himself, not as a gentleman who gives a private or eleemosynary treat, but rather as one who keeps a public ordinary, at which all persons are welcome for their money. In the former case, it is well known, that the entertainer provides what fare he pleases; and tho' this should be very indifferent, and utterly disagreeable to the taste of his company, they must not find any fault; nay, on the contrary, good-breeding forces them outwardly to approve and to commend whatever is set before them. Now the contrary of this happens to the master of the ordinary. Men who pay for what they eat, will insist on gratifying their palates, however nice and even whimsical these may prove; and if every thing is not agreeable to their taste, will challenge a right to censure, to abuse, and to d–n their dinner without controul.

To prevent therefore giving offence to their customers by any such disappointment, it hath been usual, with the honest and well-meaning host, to provide a bill of fair, which all persons may peruse at their first entrance into the house; and, having thence acquainted

themselves with the entertainment which they may expect, may either stay and regale with what is provided for them, or may depart to some other ordinary better accommodated to their taste.
As we do not disdain to borrow wit or wisdom from any man who is capable of lending us either, we have condescended to take a hint from these honest victuallers, and shall prefix not only a general bill of fare to our whole entertainment, but shall likewise give the reader particular bills to every course which is to be served up in this and the ensuing volumes.

Henry Fielding, "Tom Jones"

Hier ist der Erzähler eine eigene Person, die allerdings nie mit dem Autor gleichgesetzt werden darf. In unserem Fall spricht er mit dem Leser über seine Rolle als Unterhalter und weiß selbstverständlich über alle Personen, Vorgänge und Motive Bescheid.

Zu b)

Der Er-Erzähler kann in verschiedenen Formen auftreten. Hier finden Sie ein Beispiel für einen Erzähler, der aus einer einzigen Perspektive, d. h. durch die Augen einer bestimmten Person, erzählt. Im vorliegenden Textauszug folgt man – wie mit einer Kamera – einer einzigen Person.

Beispiel

Tom glanced behind him and saw the man coming out of the Green Cage, heading his way. Tom walked faster. There was no doubt that the man was after him. Tom had noticed him five minutes ago, eyeing him carefully from a table, as if he weren't *quite* sure, but almost. He had looked sure enough for Tom to down his drink in a hurry, pay and get out.
At the corner Tom leaned forward and trotted across Fifth Avenue. There was Raoul's. Should he take a chance and go in for another drink? Tempt fate and all that? Or should he beat it over to Park Avenue and try losing him in a few dark doorways? He went into Raoul's.
Automatically, as he strolled to an empty space at the bar, he looked around to see if there was anyone he knew. There was the big man with red hair, whose name he always forgot, sitting at a table with a blonde girl. The red-haired man waved a hand, and Tom's hand went up limply in response. He slid one leg over a stool and faced the door challengingly, yet with a flagrant casualness.
'Gin and tonic, please', he said to the barman. Was this the kind of man they would send after him? Was he, wasn't he, was he? He didn't look like a policeman or a detective at all. He

looked like a businessman, somebody's father, well-dressed, well-fed, greying at the temples, an air of uncertainty, about him. Was that the kind they sent on a job like this, maybe to start chatting with you in a bar, and then *bang!* – the hand on the shoulder, the other hand displaying a policeman's badge.
Tom Ripley, you're under arrest. Tom watched the door.

Patricia Highsmith, "The Talented Mr. Ripley"

Welche Wirkung hat nun diese Erzählperspektive? Auch hier lernen wir nur die Gefühle, Gedanken und inneren Vorgänge einer einzigen Person kennen und wissen nicht, was in den anderen Personen der Geschichte/des Romans vorgeht. Im vorliegenden Textauszug begleiten wir Tom Ripley, einen mehrfachen Mörder, durch die Stadt. Wir lernen dabei die Ängste der Figur kennen und erfahren, wie diese andere Menschen einschätzt. Von diesen anderen Personen wissen wir allerdings immer nur das, was auch Tom Ripley weiß. Unser Wissen und unser Einblick in die Handlung sind deshalb wiederum begrenzt.

Eine Sonderform des Er-Erzählers ist der allwissende Erzähler *(omniscient narrator)*. Hierbei handelt es sich um einen Erzähler, der über dem Geschehen steht. Er weiß über den Verlauf der Handlung und alle in der Erzählung vorkommenden Personen Bescheid und gibt dem Leser über die Menschen, ihr Leben, ihre Gewohnheiten und Charakterzüge freimütig Auskunft.

Beispiel

It is a truth universally acknowledged that a single man in possession of a good fortune must be in want of a wife.
However little known the feelings or views of such a man may be on his first entering a neighbourhood, this truth is so well fixed in the minds of the surrounding families, that he is considered as the rightful property of some one or other of their daughters.
'My dear Mr Bennet,' said his lady to him one day, 'have you heard that Netherfield Park is let at last?' Mr Bennet replied that he had not.
'But it is,' returned she; 'for Mrs Long has just been here, and she told me all about it.'
Mr Bennet made no answer.
'Do not you want to know who has taken it?' cried his wife impatiently. '*You* want to tell me, and I have no objection to hearing it.' (...)
Mr Bennet was so odd a mixture of quick parts, sarcastic humour, reserve, and caprice, that the experience of three and twenty years had been insufficient to make his wife understand his character.

> Her mind was less difficult to develop. She was a woman of mean understanding, little information, and uncertain temper. When she was discontented she fancied herself nervous. The business of her life was to get her daughters married; its solace was visiting and news.
>
> Jane Austen, "Pride and Prejudice"

Dieser Erzähler kann deshalb als allwissend bezeichnet werden, weil er alle im Roman handelnden Personen kennt und näher beschreibt. Im vorliegenden Fall stellt er die beiden Ehegatten vor. Er gibt eine kurze Charakteristik von diesen und spart dabei nicht mit ironischen Seitenhieben. Er beschränkt sich nicht darauf, nur seine Geschichte zu erzählen. Vielmehr gibt er häufig Kommentare zum Geschehen ab. Er beurteilt Charaktere, Handlungen und Motive. In unserem Fall tut er z. B. seine Meinung zur Ehe kund.

Probieren Sie jetzt einmal an den literarischen Texten im zweiten und dritten Teil des Buches aus, ob Sie den Erzählerstandpunkt zweifelsfrei identifizieren können.

2.5 Composition

Eine der zentralen Aufgabenstellungen im Abitur ist die *composition*. In der Regel soll dieser kleine Aufsatz einen Umfang von ca. 250–300 Wörtern haben. Diese Vorgabe sollten Sie nur unwesentlich über- bzw. unterschreiten, denn sonst können Ihnen Punkte abgezogen werden.

Die Gliederung ergibt sich oft schon aus der Themenstellung. Üblich sind zwei Typen von *composition:*

a) Die Pro-und-contra-Themen, d. h. die Abwägung zwischen zwei Standpunkten zu einem bestimmten Sachverhalt.
b) Die Erstens-zweitens-drittens-Themen, d. h. die Aufzählung von einzelnen Argumenten zu einem bestimmten Sachverhalt.

Zu a)
Folgende Arbeitsanweisungen signalisieren Ihnen, dass es sich um ein Pro-und-contra-Thema handelt:

Beispiele

… blessing or curse?
The ambivalence of …
(…). Discuss!
(…). Do you agree?

In diesen Fällen sollen Sie sowohl Argumente für wie auch gegen eine Sache/These/Behauptung finden und näher beleuchten. Eine nur einseitige Betrachtung des

Themas wäre ein spürbarer inhaltlicher Mangel, der mit Punktabzug geahndet würde.

Zu b)

Woran erkennt man hingegen, dass es sich um ein Erstens-zweitens-drittens-Thema handelt? Sehen Sie sich hierzu folgende Fragestellungen an:

Beispiele

What makes private lives of celebrities so interesting for many people?
What opportunities may a united Europe offer to young people?
Education for peace. What could be done in schools to further this idea?

Bei diesen Themen geht es darum, Argumente und Antworten auf die gestellte Frage zu finden. Reihen Sie geschickt aneinander, was Ihnen zu Ihrem Thema wichtig und überzeugend erscheint. Eine Abwägung von Für und Wider wie in a) ist hier weder nötig noch möglich.

Sobald Sie geklärt haben, um welchen Aufgabentyp es sich handelt, stellt sich die Frage nach dem Aufbau Ihrer *composition*. Für beide Typen hat sich folgende Grundstruktur bewährt, die natürlich nur ein Vorschlag und keine Vorschrift ist:

1. Einleitungssatz, Vorstellung des Themas
2. Argumente für und gegen die These/Behauptung (für Typ a) (Diese Reihenfolge können sie auch umdrehen. Sie sollten am besten immer mit den Argumenten anfangen, denen Sie sich in Ihrer Schlussbewertung nicht anschließen.)
   oder
   Argumente 1, 2, 3 usw. (für Typ b).

INFO

Für beide Aufgabentypen gilt, dass die Argumente nach ihrer Relevanz geordnet sein sollten, d. h., dass Sie zuerst die weniger wichtigen Gründe nennen und sich dann zu den besten Argumenten vorarbeiten.

3. Abschließende Bewertung bzw. Begründung, weshalb man für oder gegen die These/Behauptung ist.

Nun ist noch die Frage zu klären, welchen Umfang die einzelnen Teile haben sollen. Hierzu eine kleine Berechnung: Angenommen, Sie schreiben insgesamt etwa 300 Wörter und jede einzelne Zeile enthält ungefähr 8 Wörter, so wird Ihre *composition* etwa 35–38 Zeilen lang sein. In diesem Fall könnte Ihre Arbeit etwa folgendermaßen gegliedert sein:

Beispiel

1. Einleitung: 3–4 Zeilen
2. Pro-Argumente: 13–14 Zeilen

Contra-Argumente: 13–14 Zeilen
(bei Typ a)
oder
aufeinander folgende Argumente:
25–28 Zeilen (bei Typ b)
3. Abschließende Bewertung: 5–6 Zeilen

Die hier genannten Zahlen sind natürlich nur grobe Richtwerte, keinesfalls strikt einzuhaltende Vorgaben. Wie viele Zeilen Sie worauf verwenden, hängt nicht zuletzt vom Thema und Ihrer eigenen Gewichtung ab. Wenn Ihnen die Argumente für die eine Seite viel wichtiger und stichhaltiger erscheinen, so wird natürlich Ihre Argumentation zu diesem Punkt entsprechend länger sein.
Zusammenfassend gilt: Wenden Sie keine zu starren Regeln an und achten Sie dennoch auf eine ausgewogene Gewichtung.

2.6 Letter to the editor

Neben der reinen *composition* gibt es in letzter Zeit immer häufiger auch andere Typen der eigenen Textproduktion, die in der Abiturprüfung ausgewählt werden können. Darunter fällt etwa der Leserbrief. Was oben über die *composition* gesagt wurde, gilt auch für diese Aufgabenform. Darüber hinaus sollten Sie aber einige weitere Besonderheiten beachten.

Beispiel

Dear Sir,
I found your article "Is Europe Drinking Too Much?" (Nov. 3) most interesting. Now please let me inform you: not only does drinking affect a new generation of young people, but it also involves all the European States. I am a 23-year-old Spaniard who lives in a country where drinking on weekends is close to compulsive. (…) It doesn't seem to matter to the authorities that young people drink, only that they themselves can sleep in peace and collect money from alcohol sales.

from: Newsweek, January 26, 2004

Diese gekürzte Wiedergabe einer Zuschrift zum Thema Alkoholmissbrauch weist typische Merkmale des Leserbriefes auf, die Sie stets beachten sollten:

- Beziehen Sie sich auf einen bestimmten (fiktiven) Artikel. Bringen Sie dabei Ihre persönliche Erfahrung ein. Zeigen Sie, wie das jeweilige Thema / der jeweilige Vorgang Sie persönlich betrifft.
- Bringen Sie gleich am Anfang des Leserbriefes Ihr Anliegen zur Sprache und beschränken Sie sich bei der Ausführung auf wenige Punkte. Schweifen Sie nicht vom Thema ab.
- Vermeiden Sie persönliche Attacken und Beleidigungen – besser Witz und Geist als Häme und Vorwürfe.

3. Wortschatz und Grammatik

Dieses Buch soll Sie möglichst umfassend auf das Abitur vorbereiten und kann daher Wortschatz und Grammatik natürlich nicht so ausführlich behandeln wie spezielle Werke zu diesen Themen. Um die häufigsten Fehler in der Prüfung zu vermeiden, sollten Sie sich im Folgenden mit einigen kniffligen Punkten beschäftigen, die vielen Abiturienten Schwierigkeiten bereiten.

3.1 False friends und sonstige Tücken des Wortschatzes

Dies ist eine Liste von Wörtern, die häufig verwechselt werden:

actual: wirklich
topical: aktuell

admission: Zulassung
admittance: Zutritt, Eintritt
access: Zugang

artistic: künstlerisch
artificial: künstlich

become: werden
get: bekommen

blame: beschuldigen
make a fool of oneself: sich blamieren

brave: tapfer
well-behaved: brav

cloth: Tuch, Stoff
clothing/clothes: Kleidung

comprehensive: umfassend
comprehensible: begreifbar

confident: überzeugt
confidential: vertraulich

convince: überzeugen
convict: überführen, verurteilen

credible: glaubwürdig
credulous: leichtgläubig

critic: Kritiker
criticism: Kritik
critique: Buch-/Filmkritik

defective: fehlerhaft
deficient: unzureichend

destiny: Schicksal
destination: Ziel, Bestimmungsort

devoted: ergeben
devout: fromm

differ: sich unterscheiden, verschieden sein
distinguish: unterscheiden zwischen

disposal: freie Verfügung
disposition: Anordnung, Charakteranlage, Neigung

distinct: klar, deutlich
distinctive: bezeichnend, unterscheidend

economic: wirtschaftlich
economical: sparsam

eventually: schließlich
possibly: eventuell

extent: Umfang, Größe
extension: Erweiterung

genial: heiter
ingenious: genial

human: menschlich
humane: human

illegal: ungesetzlich
illegitimate: unrechtmäßig, unehelich

intent: gespannt
intend: beabsichtigen

judicial: rechtlich, richterlich
judicious: verständig, klug

lose: verlieren
loose: locker, lose
loosen: lockern

meaning: Bedeutung
opinion: Meinung

permission: Erlaubnis
permit: Erlaubnisschein

physician: Arzt
physicist: Physiker

pregnant: schwanger
precise: prägnant

pretence: Vorwand
pretension: Anspruch, Behauptung

reception: Aufnahme, Empfang
receipt: Quittung
recipe: Rezept, Kochrezept

rent: Miete
pension: Rente

respectful: ehrerbietig
respectable: ehrbar, anständig

rightful: rechtmäßig
righteous: rechtschaffen

self-confident: selbstbewusst
self-conscious: gehemmt, scheu

sensible: vernünftig
sensitive: sensibel

spare: entbehren, verzichten auf
save: sparen

spend: ausgeben
donate: spenden

technique: Arbeitstechnik, Art der Ausführung
technology: Technik

3.2 Formulierungshilfen für die composition

Einleitung

… is a hotly debated topic.	… ist ein heiß/kontrovers diskutiertes Thema.
It is generally agreed that …	Heute gilt allgemein als bewiesen, dass …
We must seriously ask ourselves …	Man muss sich verstärkt fragen, ob …
It is hardly an exaggeration to say that …	Es ist kaum übertrieben zu sagen, dass …
We are repeatedly confronted with the fact/ the problem, that …	Wir werden immer häufiger mit der Tatsache/dem Problem konfrontiert, dass …

Ziel

Therefore we will examine if …	Deshalb soll hier untersucht werden, ob …
… deserves closer attention.	… verdient es, genauer untersucht zu werden.
It is the aim of this essay to examine/prove/ask …	Es ist Ziel dieses Aufsatzes, zu untersuchen/beweisen/fragen …
My intention is to …	Es ist hier meine Absicht …

Entwicklung eines Arguments

I would like to begin with …	Ich möchte mit … beginnen.
The first thing to point out is that …	Zunächst muss man darauf hinweisen, dass …
Let us first consider if …	Es stellt sich zunächst die Frage, ob …

Die andere Seite eines Arguments

There is no question of …	Es geht nicht darum, dass …
It should not be forgotten/neglected that …	Man sollte jedoch nicht vergessen/außer Acht lassen, dass …

Schlussfolgerung

What conclusions can be drawn?	Welche Folgerungen lassen sich daraus ziehen?
All this points to the fact that …	All das spricht dafür, dass …
One can conclude that …	Daraus kann man folgern, dass …
All in all we might say that …	Alles in allem kann man sagen, dass …
In conclusion, we can say that …	Schlussfolgernd kann man sagen, dass …

Gegensätze

Contrary to the prejudice …	Entgegen dem allgemeinen Vorurteil/Urteil …
In spite of	Ungeachtet/Trotz …
Apart from the fact that …	Abgesehen von der Tatsache, dass …

Einführung eines eigenen Gedankens

I for my part …	Ich für meinen Teil …
In my opinion, …	Meiner Ansicht nach …
What I find most interesting is …	Was ich am interessantesten finde, ist …
My point of view is …	Ich bin der Ansicht …
According to some experts …	Nach Meinung der Experten …
He says/claims/maintains/states that …	Er behauptet, dass …

Beispiel/Quelle

To illustrate this, we just have to refer to …	Als Beispiel braucht man nur … zu nehmen.
In a recent article/book …	In einem kürzlich erschienenen Artikel/Buch …

Argumente

It might be true that …	Es ist ja richtig, dass …
… attracted strong criticism.	… zog heftige Kritik auf sich.
It might well be that …	Es kann gut sein, dass …
It can't be denied that …	Es lässt sich nicht leugnen, dass …

Zustimmung

We must admit that …	Man muss zugeben, dass …
This argument is convincing.	Dieses Argument ist überzeugend.
Accordingly …	Dementsprechend …
I agree with …, but …	Ich stimme mit … überein, aber …
By and large …/ After all …	Im Großen und Ganzen …

Ablehnung

It completely contradicts …	Es widerspricht vollkommen …
It is dubious/questionable if …	Es ist zweifelhaft/ fragwürdig, ob …
I would like to condemn …	Ich möchte … verurteilen/ scharf kritisieren.

Betonung

I'd like to put right that ...	Ich möchte klarstellen, dass ...
On the contrary ...	Im Gegenteil ...
What is more is ...	Dazu kommt noch, dass ...

3.3 Vier kleine Kapitel Grammatik

Das Partizip

Diese *ing*-Form ist etwas für die englische Sprache sehr Typisches. Sie wird deshalb von Muttersprachlern häufig verwendet. Kommt sie in der englisch-deutschen Übersetzung vor, kann sie Probleme bereiten, weil sie im Deutschen keine Entsprechung hat. In den meisten Fällen lassen sich Partizipialkonstruktionen so auflösen:

a) mit einem Relativsatz

Beispiel

*The period of time **beginning** in the middle of the 19th century and **ending** in the 1960s can be described best as ...*

Die Zeitspanne, **die** in der Mitte des 19. Jahrhunderts **begann** und in den 60er-Jahren des 20. Jahrhunderts **endete**, kann man am besten als ... beschreiben.

b) mit einem temporalen oder kausalen Nebensatz

Beispiele

Having lived *there for a long time …*
Nachdem er lange dort **gelebt hatte** …
Having drunk *too much, he decided not to drive home.*
Da er zuviel **getrunken hatte**, entschloss er sich, nicht mit dem Auto nach Hause zu fahren.

c) mit einem weiteren Hauptsatz

Beispiel

Slamming *the door, the boss left the office.*
Der Chef **schlug die Tür zu und** verließ das Büro.

Gerundkonstruktionen
Auch die englischen Gerundkonstruktionen können in der deutschen Übersetzung aufgelöst werden:

a) mit einem Substantiv

Beispiel

When searching *Tom's luggage, the police found drugs.*
Bei der Durchsuchung von Toms Gepäck fand die Polizei Drogen.

b) mit einem Infinitiv

Beispiel

*He had difficulties **finding** a job.*
Er hatte Probleme eine Arbeit **zu finden**.

c) mit einem Nebensatz

Beispiel

*She was sent to the principal **for cheating** in a test.*
Sie wurde zum Direktor geschickt, **weil sie gemogelt hatte**.

Da Partizipial- und Gerundkonstruktionen im Englischen sehr gebräuchlich sind, sollten Sie sich nicht davor scheuen, sie auch selbst in Wort und Schrift zu verwenden. Sie zeigen damit, dass Sie über sprachliche Mittel verfügen, die über das Niveau der Mittelstufe hinausgehen und Ihren Text flüssig und idiomatisch machen.

Übung 1:
Übersetzen Sie nun die folgenden Sätze, die alle aus Originaltexten entnommen und ins Deutsche übersetzt wurden. Verwenden Sie in ihrer Übersetzung stets eine *-ing*-Form! Die Lösungen zu den Aufgaben des Grammatikteils finden Sie im vierten Teil des Buches unter Kapitel 1 (S. 226–228).

1. Bedenkt man die Alternativen, dann ist es leicht, den amerikanischen Lebensstil zu mögen.

2. Da viele ausländische Bürger Zweifel an ihrer Rolle in Deutschland haben, nahmen weniger die deutsche Staatsbürgerschaft an als erwartet.

3. Spätere Autoren, die unter anderen Bedingungen schrieben, durchbrachen die Grenzen des Romans.

4. Da es ihnen wirtschaftlich besser geht, glauben viele Schwarze nicht mehr, dass die Bürgerrechtsbewegung noch wichtig ist.

5. Obwohl Schottland bessere Schulen und ein besseres Gesundheitssystem hat, bekommt es mehr Geld aus London.

6. Da die Weltmeisterschaften herannahen, denkt die Stadt über ein neues Stadion nach.

7. Anstatt nur seine Pflicht zu tun, will Charles der britischen Gesellschaft einen Dienst erweisen.

8. Da die heutigen Arbeiter besser ausgebildet sind, sind ihre Erwartungen höher.

9. Während er an den ersten Atomtests arbeitete, hatte E. Fermi in keiner Form Gewissensbisse.

10. Die Besteigung des Mount Everest machte E. Hilary in der ganzen Welt bekannt.

Past tense und *present perfect*

Die Unterscheidung zwischen diesen beiden Zeiten dürfte Ihnen inzwischen geläufig sein. Trotzdem kommen bei ihrer Verwendung häufig Fehler vor, die umso schwer wiegender sind, da der Gebrauch dieser Zeiten als Grundkenntnis vorausgesetzt wird. Hier noch einmal ganz kurz die Regeln:

a) Das ***past tense*** wird verwendet um auszudrücken, dass etwas zu einem bestimmten Zeitpunkt in der Vergangenheit geschah. Typische Zeitbestimmungen, mit denen das *past tense* verwendet wird, sind beispielsweise: *yesterday, last year, last month, last Saturday, in 1968, ten years ago, two weeks ago, on Monday.*

b) Das ***present perfect*** wird verwendet um auszudrücken, dass etwas in der Vergangenheit begonnen hat und in der Gegenwart noch andauert, also noch nicht abgeschlossen ist. Folgende Zeitbestimmungen verweisen auf das *present perfect: ever, never, already, yet, so far, up to now, since 1986, for three months.*

Übung 2:

Probieren Sie es jetzt einmal aus und übersetzen Sie die folgenden Sätze:

1. Seit drei Jahren gibt es eine gemeinsame Währung.

2. Der Euro wurde vor vier Jahren eingeführt.

3. Im 18. Jahrhundert schuf die Aufklärung den Gedanken, dass alle Menschen gleich sind.

4. Seit dem Ende des Kalten Krieges haben die Proteste gegen die USA an Schärfe verloren.

5. 1999 stimmten Wales und Schottland für ein eigenes Parlament.

6. Die Europäer sind schon immer an der Kultur der USA interessiert gewesen.

7. Seine Eltern kamen in den 60er-Jahren nach England.

8. Irland hat in den letzten Jahren hohe Subventionen von der EU erhalten.

9. Die Wahlbeteiligung sinkt seit Jahren.

10. Auf der Konferenz drohten die Ureinwohner Australiens damit, England zu verklagen.

Adverbien

Auch die Verwendung des Adverbs wird als Basiswissen vorausgesetzt. Trotzdem wird das Adverb häufig falsch gebraucht. Deshalb hier noch einmal die Grundregeln:

a) Das Adverb beschreibt ein Verb näher:

Beispiel

*He drives **carefully**.*

b) Das Adverb kann auch ein Adjektiv näher beschreiben:

Beispiel

*Yesterday, he was **extremely** nervous before the test.*

c) Es kann auch ein weiteres Adverb näher beschreiben:

Beispiel

*The team played **really** well.*

d) Das Adverb kann sich auch auf einen ganzen Satz beziehen.

Beispiel

***Unfortunately** he couldn't come.*

INFO

Kein Adverb steht bei: to be, to look (in der Bedeutung „aussehen"), to smell, to taste, to feel, to become.

Bestimmte deutsche Adverbien werden im Englischen durch Verben ausgedrückt:

anscheinend	*… it seems to …*
bekanntlich	*… is/are known to …*
früher	*… used to …*
gern	*… is/are fond of … ing*
leider	*I'm afraid …, I'm sorry …*
lieber	*… prefer …*
sicher	*… is/are certain to …*
vermutlich	*I suppose …*
weiterhin	*keep(s) … ing*

Übung 3:

Üben Sie diese Regeln, indem Sie in der folgenden Aufgabe entweder Adverb oder Adjektiv einsetzen.

It is … *(good)* known that the British have a … *(deep)* love of pets, … *(particular)* for dogs. The … *(approximate)* number of dog-owners now stands … *(official)* at over 7 million. These people spend … *(near)* 300 million pounds … *(annual)* on … *(popular)* makes of dog food – an … *(incredible/large)* sum. Many people … (final) abandon their dogs because the animal's behaviour has become … *(aggressive)* and … *(hard)* to control. … *(Actual)* this is often the owner's fault. The habit of spoiling pets has … *(dangerous)* altered the …

(natural) instincts of dogs, … *(particular)* those of … *(aggressive)* breeds. A dog which is allowed to do … *(exact)* as it likes, … *(quick)* begins to feel … *(dominant)*, and sees itself as the … *(real)* leader of the family. Such dogs soon start to act … *(unusual/aggressive)* on the street. When treated … *(proper)*, however, dogs can add much to their owners' lives, and even make a … *(considerable)* improvement of their health. This may sound … *(incredible)*, but a … *(recent)* study shows that having a pet … *(actual)* reduces … *(common)* everyday illnesses by 50 %. Perhaps this is … *(basic)* caused by the fact that people who buy dogs … *(general)* take five times more exercise than they did before.

Übung 4:

Übersetzen Sie jetzt noch folgende kurze Sätze:

1. Einige benahmen sich schlecht.
2. Nicht alle Menschen reagieren gleich.
3. Der Vorschlag klingt vernünftig.
4. Die Situation hat sich ständig verschlechtert.
5. Sie ist gut bezahlt / hoch qualifiziert.
6. Eine bemerkenswert hohe Anzahl von Leuten …
7. Man muss es ernst nehmen.
8. Seine Antwort war wirklich überraschend.
9. Er arbeitet hart.
10. Ich kann es kaum verstehen.

1. Sachtexte

Nachdem Sie nun mit dem Basiswissen zu Landeskunde und Literatur vertraut sind und Ihre Kenntnisse in Wortschatz und Grammatik sowie den gängigen Aufgabenformen des Abiturs aufgefrischt haben, können Sie sich der praktischen Arbeit zuwenden. In diesem Kapitel werden an verschiedenen Sachtexten typische Aufgabenstellungen des Englisch-Abiturs systematisch eingeübt. Ihnen wird gezeigt, wie man umfassende Fragestellungen Schritt für Schritt lösen kann: Welche Vorüberlegungen sind nötig? Welche Antworten lassen sich direkt aus dem Text herauslesen? Wann muss man eigenes Wissen aktivieren oder seine Fantasie spielen lassen? Natürlich lernen Sie auch, wie man den eigenen Antworttext geschickt aufbaut und abwechslungsreich und flüssig formuliert.

Alle diese Aspekte werden beim folgenden Methodentraining sehr gründlich und detailliert erläutert, sodass Sie nachvollziehen können, wie eine Abituraufgabe am besten zu bearbeiten ist. In der Abiturprüfung selbst müssen Sie aber natürlich immer die zeitlichen Vorgaben im Auge behalten und werden daher die einzelnen Schritte nicht in derselben Ausführlichkeit durchführen können. Deshalb ist es wichtig, dass Sie die Beantwortung von *questions on the text,* die *translation* und die *composition* schon im Vorfeld der Prüfung sorgfältig üben. Die vorgestellten Arbeitsschritte werden

Ihnen so nach und nach „in Fleisch und Blut übergehen“, sodass Sie in der Abiturprüfung nicht in zeitliche Engpässe geraten können.

1.1 Questions on the text

Zunächst steht die Beantwortung einfacher Fragen zum Text im Mittelpunkt. Bevor Sie diese Aufgabenform anhand eines Zeitungsartikels über Martin Luther King üben, sollten Sie sich die Infobox zum Thema „Die Bürgerrechtsbewegung in den USA“ ansehen. Auf diese Weise haben Sie die Möglichkeit, sich ein wenig auf die Thematik einzustellen und Informationen zu sammeln, die Ihnen bei der Lektüre des Zeitungsartikels hilfreich sein können.

INFO

Die Bürgerrechtsbewegung in den USA

Die Bürgerrechtsbewegung (Civil Rights Movement) in den USA entwickelte sich Anfang der 50er-Jahre des letzten Jahrhunderts als Reaktion auf die Rassentrennung (segregation) und die damit verbundene anhaltende politische und gesellschaftliche Unterdrückung der afroamerikanischen Bevölkerung in den Vereinigten Staaten. Einer der Ausgangspunkte des Civil Rights Movement war der so genannte „Montgomery Bus Boycott“. Nachdem sich die farbige Rosa Parks geweigert hatte, für einen weißen US-Bürger ihren Sitzplatz im Bus freizumachen, wurde sie

festgenommen und von einem Gericht verurteilt. Daraufhin boykottierte die afroamerikanische Bevölkerung 381 Tage lang die öffentlichen Verkehrsmittel in Montgomery und erzwang so eine Entscheidung des Obersten Gerichtshofs, die die Praxis der Rassentrennung in den Bussen des Bundesstaats Alabama beendete.
Martin Luther King gelang es in der Folge, die lokalen und begrenzten Proteste der farbigen Bürger in eine breite Widerstandsbewegung zu überführen. Dieser Widerstand war gewaltfrei und äußerte sich in zahlreichen großen Protestmärschen, zivilem Ungehorsam (civil disobedience) und weiteren Boykottkampagnen.
Schritt für Schritt gelang es so der Bürgerrechtsbewegung in den 60er-Jahren, für die Aufhebung der Rassentrennung in öffentlichen Einrichtungen und Verkehrsmitteln zu sorgen und die Benachteiligung der afroamerikanischen Bevölkerung in weiten Teilen des Landes zu verringern. Höhepunkt der Bewegung war 1963 eine Massenkundgebung in Washington, DC, bei der Martin Luther King vor ca. 250 000 Menschen seine berühmte „I have a dream"-Rede hielt. Die Annahme des „Civil Rights Act" und des „Voting Rights Act" durch den US-Kongress in den Jahren 1964 und 1965 beendete die Praxis der institutionellen Rassentrennung und Diskriminierung.

INFO

Nach der Ermordung Martin Luther Kings spalteten sich von der Bewegung einige radikale Gruppierungen ab (Black Power Movement, Black Muslims, Black Panther Party), die zur Abkehr von Kings gewaltfreiem Widerstand aufforderten.

INFO

"Martin Luther King", from: TIME 100 polls, special edition, April 13, 1998 (abridged and slightly edited)

It is a testament to the greatness of Martin Luther King that nearly every major city in the U.S. has a street or school named after him. It is a measure of how much his achievements are misunderstood that most of them are located in black neighborhoods. Three decades after King was gunned down in Memphis Tenn., he is still regarded mainly as the black leader of a movement for black equality. That assessment, while accurate, is far too restrictive. Despite all King did to free blacks from the yoke of segregation, whites may owe him the greatest debt, for liberating them from the burden of America's centuries-old hypocrisy about race. It is only because of King and the movement that he led that the U.S. can claim to be the leader of the free world without inviting smiles of disdain and disbelief. Had he and the blacks and whites who marched beside him failed, vast regions of the U.S. would have remained morally indistinguishable from South Africa under apartheid.

How could America have convincingly inveighed against the Iron Curtain while an equally oppressive Cotton Curtain remained draped across the South? Even after the Supreme Court struck down segregation in 1954, what the world now calls human-rights offenses were both law and custom in much of America. Before King and his movement, a tired and thoroughly respectable Negro seamstress like Rosa Parks could be thrown into jail and fined simply because she refused to give up her seat on a bus so a white man could sit down. A six-year-old black girl could be spit on by a white New Orleans mob simply because she wanted to go to the same school as white children. Even highly educated blacks were routinely denied the right to vote or serve on juries. They could not eat at lunch counters, register in motels or use white rest-rooms. In some rural areas in the South, they were even compelled to get off the sidewalk and stand in the street if a Caucasian walked by. The movement that King led swept all that away. Its victory was so complete, that even though these outrages took place within the living memory of the baby boomers, they seem like ancient history. And though this revolution was the product of centuries of agitation by thousands of courageous men and women, King was its culmination. It's impossible to think of the movement unfolding as it did without him at its helm. He was, as the cliché has it, the right man at the right time. To begin with, King was a preacher who spoke in biblical cadences ideally suited to leading a stride toward freedom that found its inspiration in the Old Testament story of the Israelites. Being a minister not only put King in touch with the spirit of the black masses but also gave him a base within the black church. King was also a man of extraordinary physical courage whose belief in non-violence never swerved.

From the time he assumed leadership of the Montgomery bus boycott in 1955 to his murder 13 years later, he faced hundreds of death threats. His home in Montgomery was bombed, with his wife and young children inside. He was hounded by the FBI, which bugged his telephone and hotel rooms, circulated gossip about him and even tried to force him into committing suicide after he won the Nobel Peace Prize in 1964. Would-be kidnappers of King's legacy have chosen a highly selective interpretation of his message. They have filtered out his radicalism and sense of urgency. His most famous "I have a dream" – speech was full of demands. "We have come to the nation's capital to cash a check," King admonished. "America has given the Negro people a bad check; a check which has come back marked 'insufficient funds'." These were not the words of a cardboard saint advocating a Hallmark card-style version of brotherhood. They were the stinging phrases of a prophet, a man demanding justice not just in the hereafter, but in the here and now.

① According to the author, what does white America owe Martin Luther King?

② How does the author describe King's role and success in the Civil Rights Movement?

③ Which of King's character traits does the author emphasize?

④ How does the author make his article vivid and convincing?

Sie sollten auf keinen Fall versuchen, diese vier recht komplexen Fragen auf Anhieb umfassend zu beantworten. Bereiten Sie zunächst den Text so auf, dass Sie eine fundierte Vorstellung davon haben, auf welche Absätze sich die einzelnen Fragen beziehen. Dabei sind folgende Vorarbeiten hilfreich:

1. Sie lesen nun den Text zuerst nochmal langsam und aufmerksam durch, um einen Eindruck davon zu erhalten, worum es im Einzelnen geht und wie die Gedankenführung des Autors ist.

2. Klären Sie nun wichtige, zum Verständnis des Textes nötige Wörter ab. Das bedeutet nicht, dass Sie alle unbekannten Wörter im einsprachigen Wörterbuch nachschlagen müssen, sondern nur solche, die für das

Verständnis des Textes wirklich unerlässlich sind. In unserem Fall sollten Sie die folgenden Wörter unbedingt kennen:

achievement (line 4), *to gun down* (line 6), *assessment* (line 8), *restricitve* (line 9), *burden* (line 11), *hypocrisy* (line 12), *disdain* (line 15), *indistinguishable* (line 18), *to inveigh* (line 19), *to fine* (line 27), *to compel* (line 35), *Caucasian* (line 36), *outrage* (line 39), *minister* (line 50), *to swerve* (line 54), *to bug* (line 60), *to sting* (line 72).

3. Gliedern Sie jetzt den Text in einzelne Sinnabschnitte. Überlegen Sie sich dabei, worum es in jedem einzelnen Abschnitt genau geht.

4. Heben Sie dazu zunächst die wichtigsten Aussagen des Textes mit einem Textmarker hervor.

5. Geben Sie jedem einzelnen Abschnitt eine Überschrift und fassen Sie stichpunktartig die Hauptaussagen des jeweiligen Textabschnitts zusammen.

Wenn Sie diese Arbeit geleistet haben, sollte sich folgende Grobgliederung des Textes ergeben:

a) *It is a … across the South?* (line 1–21) = Martin Luther King's role in history.

- The paragraph deals with the importance of Martin Luther King.
- It also explains what the whites in the USA owe him.
- He made the USA a respectable state again.

b) *Even after … at the right time.* (line 21–46) = What was the situation like for blacks before Martin Luther King and his movement?

- Human-rights offenses and dicrimination were both law and custom in big parts of the USA.
- Many examples are given (e.g. Rosa Parks, six-year-old black girl).
- King's victory ended the practice of discrimination and segregation.

c) *To begin with … here and now.* (line 46–74) = Who was Martin Luther King?
Wenn Sie folgende Wörter und Ausdrücke unterstrichen haben, bekommen Sie einen guten Eindruck davon, wie der Autor des Textes Kings Charakter beschreibt:
preacher, minister, in touch with the spirit of the black masses, extraordinary physical courage, belief in non-violence, not a cardboard saint, stinging phrases, demanding justice.

Wenn Sie jetzt erneut einen Blick auf die Fragen werfen, werden Sie feststellen, dass Ihre Notizen schon den Kern der Antworten auf die Fragen 1 bis 3 beinhalten. Sie können daran erkennen, wie wichtig diese Vorarbeiten sind. Eine solide, gründliche Erarbeitung des Textes erspart Ihnen letztlich viel Zeit und ist eine unerlässliche Voraussetzung für eine erfolgreiche Textarbeit.

INFO

Nun noch einige allgemeine Grundregeln für die questions on the text:

- *Schreiben Sie in der Antwort nur, was der Autor des Textes sagt.*
- *Ihre eigene Ansicht ist bei diesem Aufgabentyp nicht gefragt.*
- *Formulieren Sie die Antwort mit eigenen Worten. Übernehmen Sie nicht die Formulierungen aus dem Text.*
- *Zitate sind nach Möglichkeit zu vermeiden. Wenn Sie ein Zitat in Ihre Antwort einbauen, kennzeichnen Sie es als solches und geben Sie stets die passende Zeile dazu an.*
- *Strukturieren Sie Ihre Antwort klar und eindeutig, der Gedankengang des Autors muss in der Antwort nachvollziehbar sein.*

Versuchen Sie nun, die ersten drei Fragen der Abituraufgabe stichpunktartig zu beantworten. Decken Sie dazu zunächst die Kästen mit den Musterlösungen ab und vergleichen Sie anschließend, ob Sie alle inhaltlichen Punkte genannt haben.

❶ According to the author, what does white America owe Martin Luther King?	
✦ King changed race relations and brought about the end of segregation.	
✦ He thus gave America the moral right to call itself the leader of the free world.	
✦ He thus enabled the USA to accuse Eastern Europe, the USSR and South Africa of human rights offenses.	

❷ How does the author describe King's role and success in the Civil Rights Movement?	
✦ Until 1954 human rights offenses and discrimination were common.	
✦ King and his movement overcame this system so completely that even those who witnessed it can hardly remember it.	
✦ This revolution was brought about by a large number of activists and supporters of the Civil Rights Movement.	
✦ Without King the movement wouldn't have succeeded, he was the right man at the right place.	

③ Which of King's character traits does the author emphasize?
✦ Religious belief (stronghold in the black church, frequent references to the Bible).
✦ The author describes King as a man of strong convictions (e. g. nonviolent resistance).
✦ Personal courage in spite of life threats and dangers (give examples!!).
✦ Radicalism (he wanted justice and equality now and not in the hereafter).

Die Frage 4 fällt etwas aus dem Rahmen, denn hier geht es nicht in erster Linie um inhaltliche Informationen aus dem Text. Vielmehr ist nach Schreibtechniken und journalistischen Hilfsmitteln gefragt, die der Autor des Textes verwendet, um seinen Artikel für den Leser möglichst interessant und packend zu gestalten. Sie können sich deshalb auch nicht auf eine einzelne Passage konzentrieren, wie es bei den Fragen zum Text oftmals der Fall ist. Vielmehr müssen Sie den gesamten Text durchsuchen, um entsprechende Beispiele zu finden. Sie sollten allerdings ein besonderes Augenmerk auf Überschrift und Einleitung des Textes legen; diese Teile werden von Autoren sehr oft verwendet um die Aufmerksamkeit des Lesers zu gewinnen.

Beziehen Sie sich auch bei der Beantwortung solcher Fragen stets auf den Text, geben Sie also die entsprechende Textzeile bzw.das entsprechende Zitat an, auf das Sie sich stützen.

TIPP

④ How does the author make his article vivid and convincing?
✦ Examples from King's life illustrate the danger he lived in (bombing of his home (line 57/58), hounded by the FBI (line 59) etc.).
✦ Examples also show the practice of segregation (… Rosa Parks … (line 26); A six-year-old black girl … (line 29)).
✦ A quotation from King's most famous speech shows his radical approach and heightens authenticity (line 67 – 70).
✦ The author refers to historic events and developments: apartheid (line 18), Iron Curtain (line 20), Nobel Peace Prize (line 62). Thus he illustrates the context King lived and worked in.
✦ The author doesn't hide his admiration, he uses a passionate and affectionate style of writing (e.g. greatness (line 1), right man at the right time (line 45/46), extraordinary physical courage (line 52/53).

Sie sollten die Beantwortung von *questions on the text* intensiv üben, da sie Bestandteil jeder Abituraufgabe sind. Dabei werden aber nicht immer schwer wiegende politische oder historische Probleme behandelt. Deshalb sollten Sie sich auch speziell mit Texten beschäftigen, die eher alltägliche Themen und aktuelle gesellschaftliche Diskussionen zum Inhalt haben. Um einen Einstieg in diese Themen zu finden, können Sie einfach mal in der Bibliothek die aktuellen Ausgaben des *Time Magazine* oder der *Newsweek* durchblättern und sich die Überschriften der Artikel ansehen. Auch der folgende Textauszug gehört in diese Kategorie. Er behandelt den Zusammenhang von Medien und Gewalt:

"Hollywood and Violence", from: Newsweek, August 23, 1999 (abridged and slightly edited)

The entertainment industry loves to say it influences people. Television and radio stations promise advertisers that they can shape consumer preferences in shampoo or soft drinks. Stars use their celebrity to publicize causes like AIDS research or famine relief. But when it comes to the influence of violence in some movies, television, music and videogames, the same people get irritable. In the wake of recent atrocities, the industry has turned defensive. The chairman of Viacom Inc. raised the battle cry and argued: "I'm outraged by a lot of what we hear blaming the media for what's

going on. I don't think we have anything to be ashamed of." Now some entertainers and producers are willing to talk about a growing sense of responsibility. "I am more sensitive than a year ago," says the head of one major film studio. "Not that I believe that violent entertainment causes street violence. But there is validity to the idea that it is a contributing factor, along with guns." The public's appetite for destruction may also be waning. In the mid-1990s, Schwarzenegger, Stallone and Willis filled summer screens with an orgy of blood. But as the movies got dumber, audiences turned elsewhere. "The public, through ticket sales, showed it is no longer interested in that," says Peter Strauss, president of Lions Gate Films. Black-oriented movies and rap music have been years ahead in the movement to disarm, likely because African-American communities felt the pain of random violence before the rest of the country. After the rash of movies like "Menace II Society" in the early 1990s, filmmakers and producers turned their focus to a larger slice of black life.
Now the rest of the industry is catching up, making swift but limited changes. Disneyland recently removed all violent videogames, Miramax Films reworked and toned down the script for the upcoming "Scream 3". "They are sanitizing the violence," the film's director Wes Craven said. "They aren't afraid of what the kids are going to do, but what the government is going to do."

① How does the entertainment industry answer the question, if films and TV can influence people and cause violence?

② How have Hollywood films – according to the text – changed since the early 1990s?

Worauf kommt es bei der Beantwortung dieser beiden Fragen an? Um Frage 1 erschöpfend zu beantworten, muss der Widerspruch in den Aussagen der Hollywood-Verantwortlichen herausgearbeitet werden. Es muss klar werden, dass deren Antwort auf die Frage je nach Interessenslage einmal „ja" und einmal „nein" lautet. Unter dem Druck der Öffentlichkeit haben die Vertreter der Filmindustrie jedoch zuletzt einen neuen Standpunkt bezogen. Damit ist die Struktur der Antwort vorgegeben.

INFO

Die Medienwirkungsforschung, die sich mit dem Zusammenhang von Gewalt in den Medien und realer Gewalt in der Gesellschaft beschäftigt, hat bislang noch keine eindeutigen Ergebnisse hervorgebracht. Eine Theorie geht davon aus, dass durch Gewaltdarstellung in Filmen die tatsächliche Gewaltbereitschaft abgebaut wird (Katharsis-These). Laut Lerntheorie werden hingegen gewalttätige Verhaltensmuster im Film vom Zuschauer erlernt und eventuell auch nachgeahmt.

❶	How does the entertainment industry answer the question, if films and TV can influence people and cause violence?
✦	The managers of the entertainment industry say they can influence the viewer as far as advertisement or raising money is concerned.
✦	On the other hand, they deny any influence in case they are accused of causing violence.
✦	Some entertainment people admit that violence on the screen may contribute to violence in real life.

Die Struktur der Antwort auf die Frage 2 ist ebenfalls klar. Hier genügt es, die Änderungen der Reihe nach aufzuzählen, die sich in den letzten 10 Jahren an Hollywood-Filmen feststellen ließen und die im Text genannt sind. So könnten die Kernsätze Ihrer Antwort lauten, die Sie in der Abiturprüfung selbstverständlich noch zu einem kleinen Aufsatz verbinden müssen:

❷	How have Hollywood films – according to the text – changed since the early 1990s?
✦	Mid 1990s: violence, brutality and bloodshed prevailed on the screen (Schwarzenegger, Stallone, Willis etc.).

✦ Modifications in films or rap music were first made by black producers, as the audience was fed up with violence.
✦ The entertainment industry created more movies which dealt with the lives and the problems of the black population in the US.
✦ Hollywood is now going the same way, violence is removed from films, games etc.
⇒ The script for SCREAM was reworked and changed.

TIPP

Wenn Sie beim Beantworten von Fragen zum Text schon des Öfteren in zeitliche Engpässe geraten sind, versuchen Sie einmal die Bearbeitungsreihenfolge umzudrehen: Lesen Sie zuerst die Fragen gründlich durch und beginnen Sie danach mit der Lektüre des Textes. So können Sie Ihre Aufmerksamkeit von Anfang an gezielt auf die gefragten Aspekte richten.

1.2 Translation

In folgenden Abschnitt steht die englisch-deutsche Übersetzung im Vordergrund. Der dazu ausgewählte Text behandelt gesellschaftliche Probleme, die sich aus der Einwanderung in die USA ergeben. Ein besonderes Augenmerk gilt neben den Hinweisen zur *translation* auch der Frage 1 d) der Abituraufgabe auf S. 105, denn hier ist nach der Meinung des Autors gefragt.

Lesen Sie nun den Text aufmerksam durch und versuchen Sie ihn in der Weise vorzubearbeiten wie es auf den Seiten 90 ff. gezeigt wurde. Die Beantwortung der ersten drei Fragen sollte dann kein Problem darstellen. Zur Überprüfung Ihrer Antworten finden Sie wieder unterhalb jeder Frage die Lösungsvorschläge in Stichpunkten.

"Como Estas, Des Moines?", from: TIME, April 13, 2001 (abridged and slightly edited)

Old people wander aimlessly through ghost towns. Interstate 80 is a wasteland of derelict grain silos and abandoned farms. Buildings stand empty, most factories have shut down. This grim vision must cross Governor Tom Vilsack's mind when he looks at Iowa's demographic trends. The population, 96 % white, is aging at an alarming rate, with younger people moving away and those who remain too old to work the farms and factories. By 2020, 20 % of Iowans will be 65 or older. Vilsack has a solution: he wants to give Iowa an injection of new blood, in part by attracting immigrants to the state. It may seem an innocuous idea, but in Iowa it is highly controversial. Vilsack says it's a matter of survival. "To give you a sense of the magnitude of the problem," he says, "the fastest growing segment of our population is people over 100." But a lot of Iowans, it appears, don't want to live in Vilsack's melting pot. This is the fourth whitest state in America, and some people want it to stay that way. Just last week the Iowa legislature began debating a proposal to make English the state's official language. A Des Moines Register poll last year found that a majority of those surveyed opposes Vilsack's plan to bring in more immigrants. "Do we really want to be another California, with all of its immigrant problems?" says Roger Harrison, a retired lawyer. Given such opposition, Vilsack's move is risky for the first-term Governor, the first Democrat to lead the state in 30 years. But Vilsack, whose approval rating is 65 %, says he has little choice. Young people have been fleeing since the farm crisis in the mid-'80s, and there aren't enough children to replace the 368,000 soon-to-retire baby boomers. "If we want to save the family farm," says Vilsack, "we have to have people to farm the land." In 1999 the Governor appointed a bipartisan group to figure out what to do. The Strategic Planning council urged officials to use all available means to increase Iowa's population. And so in hopes of adding 310,000 new residents to the population over the next nine years, Vilsack is trying to lure expat Iowans back home. He is hosting receptions around the country for Iowa university alumni. But so far, only 300 families have returned.

That's what makes the immigrants so important. Vilsack has designed three towns as Model Communities. Their mission: to come up with a blueprint for recruiting immigrants from other states and refugees who might be attracted by Iowa's low cost of living. But Vilsack's plans have run into a fire of opposition. Part of it is prejudice. But that's not the whole story. Iowans have reason to be leery because of unplanned immigration in the mid-90s, when thousands of Hispanics came to Iowa communities like Marshalltown to work in meat-packing plants. Marshalltown (population 20,000) became 12 % Hispanic overnight. The town was totally unprepared. Schools struggled with non-English speakers. Drug trafficking sprang up, which police blamed on Mexican gangs. Most of the new arrivals, like Gilberto Ortega, 36, from El Salvador, toiled long hours at jobs nobody wanted. Ortego, a meatcutter, supported his wife and two children on $9 an hour. He says he has been too busy to learn English. But native Iowans resented new arrivals who didn't assimilate. A group of vets pushed through an English-only resolution. "The tensions came because the change was so rapid," says the president of the Marshalltown Chamber of Commerce. Vilsack hopes to avoid repeating mistakes by taking things slowly. In the city of Muscatine, Mexican groceries already compete for customers, and the El Cabrito restaurant dishes up taquitos. It's a glimpse of Vilsack's vision for a multicultural Iowa. He just has to win over all his citizens.

① **Questions on the text**

a) Explain the function of the headline.

b) Summarize the different aspects of the plight Governor Vilsack is in at the moment.

c) For what reasons have his plans to attract immigrants come under attack?

d) What is the author's attitude towards Vilsack's plans? Support your answer by referring to the text.

② **Translation**

Translate the text from the beginning to ... *bring in more immigrants* (line 1–23).

① a) Explain the function of the headline.
✦ This headline puzzles the reader, as the first two words are not English but Spanish *(= how are you?)*.
✦ The author thus catches the reader's attention / arouses the reader's curiosity who wants to know what this particular article is all about / exactly dealing with.
✦ He also deftly introduces the topic of Spanish speaking immigrants and deals with the situation in the capital of Iowa.

❶ b) Summarize the different aspects of the plight Governor Vilsack is in at the moment.
✦ The demographic trend in Iowa is alarming: the population is rapidly aging.
✦ The desperately needed workforce is shrinking.
✦ His idea to attract immigrants is rejected by a vast majority.
✦ His political career as a governor is therefore endangered.
✦ His first attempts to attract young people and expats (= Auswanderer) have turned out to be futile.

❶ c) For what reasons have his plans to attract immigrants come under attack?
✦ This is the fourth whitest state, and people want it to stay like this.
✦ Citizens fear ethnic problems like in California.
✦ In the mid-90s immigration led to serious confrontations because of language problems, drugs and a lack of assimilation.

Wie bereits angedeutet, fällt die Frage 1 d) etwas aus dem Rahmen, denn hier wird nicht nach konkreten Fakten gefragt, die in einem bestimmten Textabschnitt genannt sind, sondern nach der persönlichen Meinung des Autors. Um sie herauszufiltern, muss man quasi „zwischen den Zeilen" lesen und den Text systematisch nach Ausdrücken und Argumenten durchsehen, die die Meinung des Autors ersichtlich werden lassen. Auch der Aufbau eines Textes kann wichtige Hinweise liefern.

Beim Ausformulieren der Antwort ist es in diesem Fall besonders wichtig, seine Aussagen durch Textzitate zu belegen. Vergessen Sie dabei nicht, Zeilenangaben anzubringen und die Zitate in Anführungszeichen zu setzen. Bei gedruckten Texten ist auch Kursivschreibung möglich.

❶ d) What is the author's attitude towards Vilsack's plans? Support your answer by referring to the text.
✦ His attitude towards Vilsack's suggestions is basically positive. He sees the inevitability of immigration, but seems to resent it.
✦ Pro immigration: the author's unbiased report on demographic trends: *It may seem an innocuous idea, ...* (line 11/12); *That's what makes the immigrants so important* (line 41); *part of it is prejudice* (line 46/47).

✦ He sees the dangers: *But that's not the whole story* (line 47).

Nachdem Sie den Fragenteil der Aufgabe durchgearbeitet haben, sollten Sie sich nun der *translation* zuwenden, denn: Die englisch-deutsche Übersetzung erweist sich oftmals als deutlich schwieriger als viele Abiturienten im Vorhinein annehmen. Grammatikalische Strukturen, die Probleme bereiten könnten, wurden in Abschnitt 3.3 des Basiswissens bereits behandelt, daher sollen bei dieser noch recht einfachen Übersetzung mögliche Probleme des Wortschatzes und des Ausdrucks im Vordergrund stehen.

Folgende Wörter müssen Sie eventuell nachschlagen: *aimless* (line 1), *derelict* (line 2), *to abandon* (line 3), *grim* (line 4), *innocuous* (line 12), *controversial* (line 12), *magnitude* (line 14), *segment* (line 15), *melting pot* (line 17) *legislature* (line 19), *poll* (line 21), *to survey* (line 22), *approval rating* (line 27/28), *baby boomers* (line 31), *bipartisan* (line 33), *blueprint* (line 43), *leery* (line 48), *to assimilate* (line 60).

Ein ewiger Streitpunkt ist die Frage, ob Sie in der deutschen Übersetzung Fremdwörter verwenden sollen oder nicht. Hier müssen Sie sich nach den Vorgaben des Lehrers richten, der später Ihre Abituraufgabe korrigieren wird. Eine klare, völlig unumstrittene Linie ist jedoch nie zu ziehen. Im Einzelfall entscheidet das Sprachgefühl des jeweiligen Übersetzers. Wie würden Sie z. B. diese Wörter übersetzen?

- ✦ alarming: *alarmierend* oder *beängstigend*?
- ✦ controversial: *kontrovers* oder *umstritten*?
- ✦ segment: *Segment* oder *Ausschnitt*?

Fragen Sie Ihren Lehrer, ob er die zuerst genannten Wörter als Übersetzung akzeptieren würde. Sie sind alle drei gebräuchlich und stellen deshalb eine durchaus akzeptable Variante der Übersetzung dar. Aber was ist mit dem Begriff *demographic trend*? Hier wird als Übersetzung wohl eher der deutsche Begriff *Bevölkerungsentwicklung* erwartet werden.

Viele Ausdrücke eines englischen Textes kann man nicht einfach wortwörtlich ins Deutsche übersetzen. Wie würden Sie etwa mit den folgenden Phrasen verfahren?

englisch	deutsch (+ Erklärung)
Interstate 80	die Staatsstraße 80 (der bestimmte Artikel ist im Deutschen unerlässlich).
… must cross the Governor's mind.	… muss dem Gouverneur in den Sinn kommen / durch den Kopf gehen.

… 96 % white …	… 96 % davon sind Weiße … (Hier genügt eine wörtliche Übersetzung nicht, es muss wenigstens das Wort *davon* eingefügt werden; noch besser ist ein kurzer, eingeschobener Haupt- oder Relativsatz).
… injection of blood …	… Blutauffrischung / Zufuhr von frischem Blut
… melting pot …	… Schmelztiegel … (fest stehende Redewendung)
… the fourth whitest state …	… der Staat mit dem viertgrößten weißen Bevölkerungsanteil … (eine wörtliche Übersetzung ist hier nicht möglich).
… want it to stay that way …	… wollen, dass es so bleibt.

Nicht immer ist es möglich oder sinnvoll, grammatikalische Strukturen des englischen Textes in der deutschen Übersetzung beizubehalten. Hier einige Beispiele:

… with younger people moving away …	… während jüngere Menschen wegziehen …

… by attracting immigrants.	… dadurch, dass er Einwanderer anlockt.
… a majority of those surveyed …	… eine Mehrheit derer, die befragt wurden …

Jetzt dürfte die Übersetzung des Textes kein Problem mehr sein. In der folgenden Musterlösung werden an bestimmten Stellen Alternativen angegeben:

② Translate the text from the beginning to … *bring in more immigrants* (line 1–23).

Alte Leute wandern/irren ziellos durch Geisterstädte. Die Staatsstraße 80 ist ein Ödland mit verfallenen Getreidesilos und verlassenen Farmen/Bauerhöfen. Gebäude stehen leer, die meisten Fabriken haben geschlossen/zugemacht. Diese/s düstere Vision/Bild muss Gouverneur Tom Vilsack in den Sinn kommen/durch den Kopf gehen, wenn er auf die Bevölkerungsentwicklung (den demografischen Trend) in Iowa blickt. Die Bevölkerung, die zu 96 % aus Weißen besteht, altert in einem Besorgnis erregenden/beänstigendem Tempo/Ausmaß, während jüngere Menschen wegziehen und die, die bleiben, zu alt sind, um auf den Höfen und in den Fabriken zu arbeiten. Bis 2020 werden 20 % der Bevölkerung von Iowa 65 oder älter sein. Vilsack hat eine

Lösung: Er will Iowa eine Blutauffrischung geben/ will frisches Blut nach Iowa bringen, zum Teil dadurch, dass er Einwanderer in den Staat lockt. Dies mag wie eine harmlose Idee aussehen/erscheinen, aber in Iowa ist dies/sie äußerst umstritten. Vilsack sagt, dies/es sei eine Frage des Überlebens: „Um Ihnen einen Eindruck von der Größe/Bedeutung des Problems zu vermitteln," sagt er, „der am schnellsten wachsende Anteil unserer Bevölkerung sind die über 100-Jährigen." Aber viele Bewohner Iowas, scheint es, wollen nicht/wollen anscheinend nicht in Vilsacks Schmelztiegel leben. Das ist der Staat mit dem viertgrößten weißen Bevölkerungsanteil in Amerika und viele Leute wollen, dass es [auch] so bleibt. Erst letzte Woche begann das Parlament von Iowa einen Vorschlag zu diskutieren, Englisch zur offiziellen Sprache des Staates zu machen. Eine Befragung der Bürger von *Des Moines* letztes Jahr ergab, dass eine Mehrheit derer, die befragt wurden/der Befragten, gegen Vilsacks Plan ist, mehr Einwanderer hereinzuholen/herzubringen.

1.3 Stylistic devices

Am nächsten Text interessieren uns v. a. die Fragen 3 und 5. Dabei geht es zum einen um den Bereich Stilmittel *(stylistic devices)* (3) und zum anderen darum, wie man sich verhält, wenn die Beantwortung der Frage über das im Text Genannte hinausgeht (5). Die anderen Fragen können Sie nach dem Ihnen bereits bekannten Schema bearbeiten. Hier zunächst einmal der Text, der sich mit dem Thema der steigenden Lebenserwartung in unserer Gesellschaft und den daraus resultierenden Problemen und Fragen beschäftigt:

"Can We Learn to Beat the Reaper? Science has been winning battles against old age, but can it win the war?", from: TIME, January 21, 2002 (abridged and slightly edited)

Give the human body half a chance and before you know it, it tries to die. If it's not cancer, it's heart disease; if it's not heart disease, it's stroke. With all the ways the body can do itself in, you would almost think it wanted to end it all. The fact is, it does.
Before earthly organisms even got a chance to live, they had to agree to some pretty punishing terms: you're born, you grow up, you produce some young, then you get out of the way and leave room for the generation coming along. Animals and plants have no trouble honoring the deal; humans, however, keep trying to change it, hoping to hang around longer than nature envisioned – or our bodies can manage.
For scientists and physicians, there has been no goal more seductive than extending human life, and none that has been harder to achieve. Only now are we

learning that it is a goal that may forever be out of our reach.

For a long time, many scientists believed that the human life-span was infinitely extendible. The average life-span early in the evolution of Homo sapiens is thought to have been just 20 years. By the beginning of the 20th century, that figure more than doubled – to a still brief 47. Since then, however life expectancy has been exploding, with people in the developed world now able to live deep into their 70s and often beyond. But life expectancy (the number of years you can expect to live before being claimed by illness or accident) is not life span (the maximum age to which the perfectly maintained, disease-free body could remain alive before it simply wore out and broke down). All the gains in length of life have been achieved by treating diseases that used to kill us in youth or, at best, in what we now consider our middle years – and are thus gains in life expectancy. Meanwhile, life-span has remained fixed at a hard ceiling of about 125 years.

"If science cured every known disease of the elderly, you'd add only 15 years to current life expectancy, says Dr. Leonard Hayflick, professor of anatomy at the University of California, San Francisco, and author of *How and Why We Age*. Accidents and age-related loss of organ function would then start claiming the old – though some, at least in theory, would reach the 125-year mark. But many people continue to believe that life spans can be pushed further still. If the aged body breaks down, it must be because something in the cells directs it to do that, and if that thing could be found and shut off, couldn't we live indefinitely? The short answer is yes. The long answer is that the short answer is way too simple.

The quieter news is that while immortality is beyond us, that 125-year life-span is still out there beckoning. Eliminating the dietary and lifestyle habits that are setting you up for the heart attack that is going to kill you at 50 can, in a blink, extend your life by decades. Doing the same thing on a global level – and throwing in progress on disease treatment too – can cause life expectancy of the entire species to inch further and further out. There are about 50,000 centenarians in the U.S. – a blip in a country of close to 300 million people. But over time, those tens of thousands could creep into the millions. It takes work to join their ranks, but it is work more and more people may be willing to do.

① The author starts with a rather disillusioned outlook on man's predetermined future. What's characteristic about this situation?

② Man's situation has changed considerably since the beginning of *homo sapiens*. Outline that development.

③ The author uses two different metaphorical expressions in the title of his article. What are possible associations? What is the effect of their use?

④ What – according to the author – may help people to reach the 125-year life-span?

⑤ Millions of centenarians in the U.S., many more all over the world, might create problems the author doesn't even hint at in his text. What are your possible fears/doubts in this field?

Versuchen Sie, die Antworten zu den oben stehenden Fragen 1, 2 und 4 einmal so auszuformulieren, wie es auch in der Abiturprüfung verlangt wird. Vergleichen Sie anschließend Ihre kleinen Aufsätze mit den Musterlösungen. Haben Sie wirklich alle wichtigen Fakten genannt? Haben Sie die Antwort ähnlich aufgebaut wie das vorliegende Textstück?

TIPP

Hierbei sind natürlich viele verschiedene Lösungsvarianten richtig, und es ist nicht Ihre Aufgabe, die Musterlösung zu erraten. Inhaltlich und z. T. auch hinsichtlich des Aufbaus sollte Ihre Variante aber schon mit dieser übereinstimmen. Nutzen Sie den Lösungsvorschlag außerdem dazu, sich geschickte Formulierungsmöglichkeiten (z. B. Satzübergänge) anzueignen.

① The author starts with a rather disillusioned outlook on man's predetermined future. What's characteristic about this situation?

✦ Once man has managed to be born and survive the dangers of birth, he is exposed to so many possible dangers in the form of illnesses and accidents that little room is left apart from growing up, reproducing and dying again. In this way there is a chance for a new human being to start his or her circle of life. This is fairly much the same situation for animals and plants. Unlike them, man tries hard to extend his life-span, with no realistic chance to overcome a fairly clear-cut barrier.

② Man's situation has changed considerably since the beginning of *homo sapiens*. Outline that development.

✦ In early stages of homo sapiens the life-span was considerably shorter than it is today. 20 years had been an average for a very long time, and even by the beginning of the 20th century that age hadn't even reached as far as 50. Due to better conditions in the fields of medical supply, life expectancy has reached deep into the 70s, and often beyond.

④ What – according to the author – may help people to reach the 125-year life-span?

✦ The only possible way to extend one's life-span is to avoid everything that may lead to diseases related to our modern lifestyle. Above all a healthy diet may be helpful to live longer. If that knowledge and behavior is spread all over the globe, and if there are further improvements in curing diseases, then life expectancy may grow further on.

In Frage 3 soll das Stilmittel der Metapher geklärt werden. Ihre Aufgabe besteht zunächst einmal darin, die beiden Metaphern in der Überschrift des Textes zu finden. Noch einmal zur Erinnerung: Eine Metapher *(metaphor)* ist ein poetischer Vergleich, der nicht durch *like* oder *as* eingeleitet wird. Zwischen der eigentlichen Sache und dem übertragenen Ausdruck besteht eine Ähnlichkeit, die aber nur angedeutet wird.
Wenn also William Shakespeare schreibt „All the world's a stage", so wird das Leben mit einer Bühne verglichen, auf der alle Menschen ihre eigene kleine Rolle spielen.

Zwei solcher Metaphern sollen Sie im vorliegenden Text finden und dazu erklären, welche Vorstellungen mit diesen Bildern verbunden sind.

③ The author uses two different metaphorical expressions in the title of his article. What are possible associations? What is the effect of their use?

The two metaphors are: *reaper* and *winning battles/win the war*. The first metaphor refers to a visual representation of death, personified as a skeleton using the scythe to cut life once it is over. Very often the reaper has been depicted as someone standing behind a person without his/her realizing the danger. If the reaper can be beaten, there won't be death any longer. The associations with *battle* and *war* are normally negative. It's something unpleasant and unwanted, and the only possible reaction seems to show strength and bravery to survive in such a situation. If one is victorious in a battle, all dangers are over and the victory will add to one's reputation. These metaphors thus aim at convincing the reader that extending the life-span is hard work, but possible.

Die fünfte Frage unterscheidet sich nun ganz wesentlich von den bisher bearbeiteten, denn sie bezieht sich nur indirekt auf den Text. Hier können Sie Ihrer Fantasie freien Lauf lassen. Notieren Sie zunächst, ohne auf den Text Bezug zu nehmen, einfach alles, was Ihnen zu dem

angesprochenen Problem einfällt. Ordnen Sie dann Ihre Ideen und wählen die besten aus. Überlegen Sie sich einen sinnvollen Aufbau für Ihren Text und beginnen Sie erst dann mit der Ausformulierung.
Eine solche Frage ist immer eine gute Gelegenheit, zu zeigen, dass Sie sich auch zu schwierigen Sachverhalten sauber und gewandt ausdrücken können.

⑤ Millions of centenarians in the U.S., many more all over the world, might create problems the author doesn't even hint at in his text. What are your possible fears/doubts in this field?

If the number of centenarians all over the world explodes due to genetic engineering, a very ambiguous situation will be reached. On the one hand the old dream that man can surpass his natural limits will have come true. But the social and psychological effects are hard to estimate. And above all the impact on the job market and the situation of retirement and pensions is very much up in the air.

1.4 Summary

Nun sollten Sie sich mit einer ganz speziellen Aufgabenstellung befassen, der Zusammenfassung eines bestimmten Textteils oder Gedankengangs. Grundlegende Tipps zum *summary* wurden ja bereits in Kapitel 2.2 im ersten Abschnitt dieses Buches gegeben. Lesen Sie diese noch einmal durch, bevor Sie sich mit dem nächsten Text befassen.

"Britain should welcome immigrants: it needs them", from: The Independent, December 2, 2002 (abridged and slightly edited)

Immigration today is as volatile an issue as it was in the bad old days of Enoch Powell, only people in power then had mettle. They blocked any ambitions, which Enoch may have had to determine the course of history. Edward Heath was the unlikely braveheart who chose to sack the popular white nationalist.
But Heath was no liberal anti-racist. When Asians were thrown out of Uganda in 1972, he dithered for weeks because he feared public opinion. However, in the end, he delivered us safely to our country (we had British passports) because he understood that most immigrants have hunger, manic ambitions, imagination, super-high expectations of their children, and a phenomenal capacity for hard work over long hours. European politicians have never quite understood the dynamism that immigrants bring, as long as the state ensures they have freedom, equality and real opportunities. [The British Prime Minister] Tony Blair, like them, is led by anti-immigration hysteria, ill-suited to facing

the biggest challenge of our times – the unstoppable movement of peoples around the world. They barely understand the implications of globalisation. Read Frances Cairncross's fiery essay on this in *The Economist* "However much governments clamp down, both immigrants and immigration are here to stay. Powerful forces are at work. It is impossible to separate the globalisation of trade from the global movement of people. Immigrants bring new customs, new foods, new ideas, new ways of doing things."

None of this is easy for indigenous Britons and settled immigrants, who feel under threat every time a new wave comes in. Ugandan Asians hated the Hong Kong Chinese arriving because they were bringing competition. Immigration brings clashes, challenges. The poor feel ever more excluded, and now of course there are the dangers of global terrorism. A proportion of immigrants and asylum-seekers will turn to crime or end up being a burden on the state. But there is still more to gain than lose.

Findings by the American National Research Council show that although first-generation migrants cost the US an average of $3,000, the second generation produces an $80,000 fiscal gain. A Home Office study last year found that immigrants paid 10 per cent more in taxes than they received in state expenditure. We grudgingly pay out aid money (much of which goes into the pockets of corrupt ministers and generals)

instead of allowing Third World workers to come here, work, and send or take back the money they have earned with dignity.
Depressingly, however, Blair is more keen to be seen as the leading anti-immigrant leader than one who leads the most successful country of immigration in Europe. I am sick of this policy. Let us have a 48-hour strike of immigrants and their offspring. See what happens to this ungrateful nation without cleaners, doctors, lawyers, waiters, nannies, actors, curry cooks, drivers, teachers, news-agents, social workers, nurses, gardeners, newscasters, shop staff, dancers, pop singers, sex workers, dinner ladies, child minders, City brokers, accountants, pharmacists, …

Die Arbeitsanweisung zur Erstellung eines *summary* kann im Rahmen einer Abituraufgabe etwa folgendermaßen formuliert sein:

Sum up the text.
oder
Sum up the author's line of reasoning.

Bevor Sie Ihr *summary* nun niederschreiben, sollten Sie sich die einzelnen Schritte zur Anfertigung eines solchen Texts nochmals vergegenwärtigen und möglichst dauerhaft einprägen. Die Infobox auf der nächsten Seite liefert Ihnen die nötigen Informationen:

INFO

- *Unterstreichen Sie zunächst die wichtigen Textpassagen.*
- *Unterteilen Sie den Text in einzelne Abschnitte und fassen Sie diese jeweils kurz zusammen.*
- *Streichen Sie all die Textteile weg, die keine zusätzlichen Informationen enthalten.*
- *Formulieren Sie das „summary" anhand Ihrer Notizen aus.*

Mithilfe der folgenden Stichpunkte können Sie überprüfen, ob Sie auch wirklich alle wichtigen Fakten des Textes erfasst haben:

- Nationalist attitudes to immigration were tackled by few politicians only → Edward Heath.
- Blair doesn't see value/chances/contribution of immigrants to England.
- Globalisation = free migration of people.
- Immigration brings clashes/challenges hostility etc. with it.
- In the long run countries profit from immigration; England couldn't live without the work of immigrants.

Die folgenden Punkte machen zwar den Zeitungsartikel anschaulich und gut lesbar, liefern aber keine wirklich wichtigen Informationen. Sie sollten daher nicht in Ihrem *summary* enthalten sein:

- Enoch Powell
- die Unruhen in Uganda im Jahr 1972
- Aufzählungen *(hunger, maniac ambitions …)*
- das Essay in *The Economist*
- Rivalitäten zwischen Menschen aus Uganda und Hong Kong
- Zahlenmaterial *(an average of $ 3,000 …)*
- persönliche Anmerkungen des Autors

Sum up the text.
The author introduces the article with the statement that since the 60s immigration has been a problem only few, determined politicians like Edward Heath have had the courage to tackle. She criticizes today's European politicians, above all Mr. Blair, for not recognizing what valuable contribution new immigrants are to Britain and the continent. She then draws the reader's attention to the fact that there won't be anything like a global economy without the free migration of people worldwide. The author concedes that the growing influx of people of different ethnic backgrounds may also have a negative impact on Britain and her citizens. However, she claims, statistics show that in the long run not only the countries allowing immigrants in will profit from their immense willpower and productivity, but also the ones the newcomers left behind.

1.5 The author's language

In diesem Kapitel steht eine Variante der *questions on the text* im Vordergrund, die von vielen Schülern als schwierig empfunden wird, da sie etwas abstrakt ist – nämlich die Frage nach dem speziellen Sprachstil, der vom Autor verwendet wird. Wenn man sich aber an ein paar Bearbeitungsregeln hält, kann eigentlich nichts schief gehen. Im ersten Teil des Buches „Basiswissen Kollegstufe" wurde diese Frage schon theoretisch behandelt, an dieser Stelle folgt nun ein praktisches Beispiel. Lesen Sie den folgenden Text aufmerksam durch.

"Voting's too good for 'em", from: The Guardian, June 4, 2004

Politics is a curious business. Democracy is sacred and we go to war to bring its beneficence to benighted peoples. We celebrate as every decade it spreads further across the globe where now a majority of humans live under its benign glow.
How odd then that democracy's high priests and priestesses, the politicians are treated with almost universal contempt. Democracy is holy, politics is lowly. "The people" are noble, while those they elect are contemptible. But sometimes when you go out there on the street to watch democracy in action, the nobility of "the people" is a lot less striking than the patience and

tolerance of their servants, the politicians. It is salutary to be reminded how much sheer pig-headed ignorance, nastiness, mean-spiritedness and rudeness politicians encounter every day.

Analyse the author's language and its effect on the reader.

Es geht darum, „herauszuhören" welche Art von Sprache, welche Wörter, welche Ausdrücke der Autor des Artikels verwendet. Da dies in einer Fremdsprache natürlich wesentlich schwieriger ist als in der Muttersprache, sollten Sie jede Gelegenheit nutzen, Ihr Sprachgefühl zu trainieren. Immer wenn Sie also einen englischen Text lesen, achten Sie in Zukunft auf Sprachstil bzw. Tonfall. Beim Lesen des letzten Textes sollte Ihnen aufgefallen sein, dass der Autor zur Beschreibung der Staatsform Demokratie einen gehobenen Sprachstil pflegt und einige Wörter verwendet, die eindeutig positiv besetzt sind. Welche sind das? Markieren Sie diese zunächst im Text! Überlegen Sie dann, wie er den durchschnittlichen Wähler beschreibt? Ein Wort sticht sofort heraus. Dass dieses Wort eine eindeutige Beleidigung ist, sieht man ebenfalls auf Anhieb.
Und wie fährt der Autor fort? Ändert er seinen Ton in den folgenden Zeilen, oder behält er die angeschlagene Tonart bei? Ihre Antwort muss folgende Punkte enthalten:

Analyse the author's language and its effect on the reader.
✦ When talking about/describing democracy and politicians, the author uses a stilted, highly ornate language, thus expressing how important democracy and the work of politicians is and how much respect he feels for them: *sacred* (line 1), *beneficence* (line 2), *benign glow* (line 5), *priests and priestesses* (line 6/7), *holy* (line 8).
✦ For describing the voters the author uses rude language and offensive words and expresses thus her dislike. She even insults them: *pig-headed ignorance* (line 14), *nastiness* (line 15), *mean-spiritedness* (line 15) *rudeness* (line 15).
✦ The author wants to underline that the common picture of noble voters and mean, corrupt, ignorant politicians isn't true, that it is even the other way round.

1.6 Mögliche Fragestellungen in einer kompletten Abituraufgabe

Nachdem Sie die verschiedenen Fragetypen nun im Wesentlichen kennen, versuchen Sie sich doch einmal an einer kompletten Aufgabe, allerdings noch ohne *composition*. Der Zeitungsartikel, der nun folgt, hat zwar noch nicht den vollen Umfang eines Abiturtextes, Aufgabenformen, Fragestellung und Schwierigkeitsgrad sind aber durchaus mit den Anforderungen im Abitur zu vergleichen.

"A whole lotta bottle", from: The Guardian, December 11, 2003 (abridged and slightly edited)

Ella is 20. She is amazingly beautiful, with hair like Jane Fonda's and the sweetest face. Her cheeks are flushed candy pink, like her dress, and though her feet are still, her body dances to the music crashing through the bar of the Lock Tavern, north London. In her hand she cradles a glass of Jack Daniels and Coke. It is her fifth in the evening, and the night has hardly begun. Ella doesn't know it, but she is at the centre of a growing panic about girls and booze, for Ella is a classic English binge-drinker. She abstains all week, and then on Friday and Saturday puts away more alcohol than most women elsewhere in Europe will drink in a month. Ella started experimenting with alcohol when she was just 11 or 12. Her mum and dad had split up, and her older sister would take her out drinking. Nowadays she takes care to pace herself. She rarely drinks during the week because she has to get up for work and is ambitious to do well, so her drinking is confined to the weekend. We have always been big on binge-drinking in this country. Men are still the worst culprits, but researchers have watched a steady increase in women's drinking, particularly among the 16-to-24-year-olds. So why are we drinking more? The most commonly offered explanation is women's liberation. With greater equality in the workplace, increased affluence and independence has come a greater appetite for booze and the feeling, well, the boys can do it, why can't we? Drugs are no longer quite as popular. And as women have taken top jobs working alongside men, not only have they had to socialise (i.e. drink) with their male counterparts, they have also turned to alcohol to help them deal with stress. And what has changed, too, is the context of the debate – female-friendly wine bars, massively increased availability of alcohol in supermarkets, and targeting of women by the drinks industry with ready-mixed, low-cal girly drinks.

There is a whole new generation to target and companies are going very heavily at them, with careful marketing and packaging of products aimed at women. For feminists, there is something deeply patronising about the way women are discussed in the context of alcohol. Sandra is 35, unemployed and in therapy to try to address her drinking. She wants to cut down, but hates being told what she can and cannot do. "Although the decision is mine, it just feels like I'm a little girl, being told I shouldn't drink. Women want to keep up with men and why not? I always used to have half a lager, now I drink in pints."

According to Dr Betsy Thom, expert in drugs studies at Middlesex University, today's debate about women's drinking has changed little from the debates in the 19th and 20th centuries. What is different about men and women's drinking is that women – then as now – are seen as the "guardians of morality in society". So the way women's drinking is reported has not just to do with the facts and figures, but with notions of what is expected of women's roles.

So what is to be done? We cannot turn the clock back. We cannot be unemancipated, banished again to the kitchen. And we know large-scale health education exercises don't work. And research in the US and Canada has shown that unit-labelling on bottles – another option under consideration – makes little difference. So what is the answer? "People have to be responsible for how they behave, and to at least be armed with the facts," says Moira Plant, professor at the University of the West of England. "There are very few people who can drink very heavily and not come out scarred in some way at the end of it. I would like young women to be aware of what they are doing. I'm not saying don't do it. I don't have a right to say that. We're all adults. It doesn't take a PhD in alcohol studies to understand that if you get outrageously drunk, you may end up in accident and emergency, and if you drink a lot, a lot of time, you'll wreck your liver, just the same as any man."

① Translate the text from *Ella doesn't … to … among the 16-to-24-year-olds* (line 7–22).

② Questions on the text
a) Explain the function of the first paragraph.
b) What explanations are commonly given to explain the increase in women's drinking?
c) Why are some women worried about the way the problem is discussed in public?
d) According to the text, what can be done against this new development?

Sie beginnen am besten mit der Übersetzung, denn dann haben Sie sich schon vorab mit einem längeren Textabschnitt besonders intensiv auseinander gesetzt. Das wirkt sich positiv auf das Gesamtverständnis des Artikels aus, das für die Bearbeitung der *questions on the text* notwendig ist.

① Translate the text from *Ella doesn't … to … among the 16-to-24-year-olds* (line 7–22).
Ella weiß es nicht, aber sie steht im Mittelpunkt einer wachsenden Sorge um junge Frauen und Alkohol, denn Ella ist das klassische Beispiel für eine schwere/exzessive Trinkerin in England. Sie hält sich die ganze Woche zurück, und dann am Freitag und Samstag trinkt sie mehr Alkohol als die meisten

> Frauen andernorts in Europa in einem Monat. Ella begann Alkohol auszuprobieren, als sie erst 11 oder 12 war. Ihre Eltern hatten sich getrennt, und ihre ältere Schwester nahm sie gewöhnlich mit, wenn sie einen trinken ging. Heute ist sie bemüht, sich zusammenzunehmen. Sie trinkt selten während der Woche, weil sie aufstehen und zur Arbeit gehen muss und den Ehrgeiz hat, gut zu sein. Also ist ihre Trinkerei auf das Wochenende begrenzt/beschränkt. Wir sind hierzulande schon immer starke Trinker gewesen. Männer sind nach wie vor die Hauptschuldigen, aber Forscher haben eine ständig wachsende Zahl trinkender Frauen beobachtet, besonders unter den 16- bis 24-Jährigen.

Bevor Sie sich nun der Beantwortung der vier Fragen zuwenden, sollten Sie sich zunächst über die Struktur des Textes klar werden. Hierbei hilft Ihnen die folgende Gliederung. Sie zeigt bereits, an welcher Stelle des Textes Sie Informationen zur Beantwortung der jeweiligen Frage finden. Normalerweise wird das Erstellen einer Gliederung im Abitur nicht explizit von Ihnen verlangt. Trotzdem ist es oft sinnvoll, zunächst eine Grobgliederung des zu bearbeitenden Textes anzufertigen und dann die wichtigsten Fakten zu flüssigen Antworten auf die einzelnen Fragen zu verbinden. Behalten Sie dabei aber immer die Bearbeitungszeit im Auge.

1. *Ella doesn't … to the weekend.* (line 7–18) = What is the problem the text deals with?
2. *We have always been … aimed at women.* (line 19–39) = Why are we drinking more? *(equality, affluence, socialising, marketing).*
3. *For feminists … women's roles.* (line 40–57) = How is the problem seen by women themselves? *(obsolete role models).*
4. *So what is … same as any man.* (line 58–76) = What can be done against it? *(no way back, unit labelling and health education won't help, personal responsibility).*

Die Frage 2 a) lässt sich allerdings nicht allein aus dem Text heraus beantworten. Vielmehr muss man sich vorab überlegen, wozu die Überschrift und der erste Abschnitt eines Zeitungsartikels gemeinhin dienen sollen. Diese einleitenden Bemerkungen haben normalerweise verschiedene Aufgaben:

- ✦ Das Thema des Artikels muss genannt werden.
- ✦ Das Interesse des Lesers muss geweckt werden.
- ✦ Das persönliche Beispiel veranschaulicht das Problem und sorgt für Transparenz und Verständlichkeit.
- ✦ Das Schicksal der jungen Frau soll den Leser betroffen machen.
- ✦ Natürlich soll der Leser angehalten werden, den Artikel ganz zu lesen.

Ihre Antwort auf die Frage 2a) sollte also folgende Punkte enthalten:

❷ a) Explain the function of the first paragraph.
✦ It indicates the topic and shows the extent and nature of the problem.
✦ It catches the reader's attention by giving an example: the drinking habits of a young woman.

Bei Frage 2b) geht es darum, die im Text genannten Gründe für das Trinkverhalten junger Frauen in England aufzuzählen. Wenn Sie den Text in Abschnitte unterteilt und den Gedankengang der Autorin vorab schon analysiert und notiert haben, müssen Sie Ihre Notizen nur noch in einem zusammenhängenden Text ausformulieren.

Dabei sollten idealerweise folgende Gründe für den wachsenden Alkoholkonsum seitens Frauen genannt werden:

❷ b) What explanations are commonly given to explain the increase in women's drinking?
✦ Women's liberation: women are equal partners at the workplace and thus want to take over men's customs, habits, values etc.

- ✦ Women are an economically important group of buyers and are thus targeted by the industry (bars, drinks, packaging).

In dem Abschnitt, den Sie sich zur Beantwortung von Frage 2c) intensiver anschauen müssen, schreibt die Autorin darüber, wie Frauen selbst den zunehmenden Alkoholkonsum sehen und erklären. Sicher werden Sie beim Durchlesen der Passage festgestellt haben, dass zwei ganz unterschiedliche Standpunkte dazu vorgestellt werden:

Da ist zum einen das, was die arbeitslose Alkoholikerin sagt, zum anderen sind da die Erklärungen der Wissenschaftlerin von der Middlesex University. Diese beiden Standpunkte müssen in der Antwort deutlich herausgearbeitet werden.

❷ c) Why are some women worried about the way the problem is discussed in public?

- ✦ Women feel they are treated like children by men telling them what to do or not to do and forbidding them what they feel entitled to.
- ✦ According to scientists the coverage also reflects obsolete role models. Women are severely criticised because they are still seen as morally responsible in society.

Die Antwort auf Frage 2d) ist eine reine Aufzählung der im Text genannten Argumente: Was kann man gegen den Alkoholkonsum tun und welche Maßnahmen waren und sind erfolglos?

❷ d) According to the text, what can be done against this new development?
✦ There is no way back into the pre-liberation era. Health education and warnings won't help.
✦ People have to feel and be held responsible for what they are doing; they must know the consequences of such doings.

1.7 Composition

Betrachten Sie die nun folgenden Aufgaben als Abschluss dieser ersten Einheit zum Methodentraining und nutzen Sie die Möglichkeit, zu kontrollieren, ob Sie für die eigenständige Bearbeitung fit sind. Neben den Aufgabenformen *questions on the text* und *translation*, die Sie bereits ausgiebig trainieren konnten, wird nun ein besonderes Augenmerk auf die *composition* gerichtet. Diese Aufgabenform erfordert ein hohes Maß sowohl an strukturiertem Arbeiten als auch an Kreativität. Deshalb sollten Sie, bevor Sie mit dem Schreiben Ihrer *composition* loslegen, unbedingt nochmal einen Blick auf die wichtigsten Informationen (vgl. S. 62ff.) zu diesem Aufgabentyp werfen.

Um sich auf das Thema des nächsten Textes einzustimmen und sich den nötigen Wortschatz sowie ein wenig Hintergrundwissen anzueignen, können Sie sich mit der folgenden Infobox beschäftigen. Richten Sie Ihr Augenmerk v. a. auf die gefetteten Ausdrücke.

Social welfare in the USA

- *Traditionally in America, helping the poor was a matter for private* ***charity*** *(= Wohltätigkeit) or local government.*
- *The* ***Great Depression*** *(Ausdruck für die Weltwirtschaftskrise zu Beginn der 1930er-Jahre), which began in 1929, shattered the belief that anyone who was willing to work could find a job.*
- *For the first time in history, substantial numbers of Americans were out of work.*
- *In 1932, Franklin D. Roosevelt proposed* ***recovery*** *(= Wirtschaftsaufschwung) and reform legislation to the U. S. Congress. One of the programs (Social Security) has become an American institution. Paid for by* ***deductions from the paychecks*** *(= Abzüge vom Gehalt) of working people, Social Security ensures that* ***retired persons*** *(= Personen im Ruhestand) receive a modest monthly income and also provides unemployment insurance, disability insurance, and other forms of assistance.*

INFO

- *Recently, there has been concern that the Social Security fund may not have enough money to fulfill its obligations in the 21st century, when the population of elderly Americans is expected to increase dramatically.*
- *In the years since Roosevelt, other American presidents have established assistance programs. These include Medicaid and Medicare, two* ***health care*** *(= Gesundheitswesen) programs.*
- *Many families below the poverty line receive* ***welfare payments*** *(= Sozialhilfe), sums of money provided by the government each month (Aid to Families With Dependent Children = AFDC). Originally designed to help children whose fathers had died, AFDC evolved into the main source of regular income for millions of poor American families.*
- *In his 1992 presidential campaign, for example, then-Governor Bill Clinton promised to "end welfare as we know it".*
  A new law overhauled welfare by replacing AFDC with state-run assistance programs financed by federal grants.
- *The law also limits lifetime welfare assistance to five years and eliminates* ***welfare benefits*** *(= staatliche Leistungen) for legal immigrants who have not become U. S. citizens.*

INFO

- *The total cost of all federal assistance programs accounts for nearly one-half of all money spent by the federal government. That is a doubling of the percentage that obtained in the 1960s.*
- ***Volunteerism** (= Hilfe auf freiwilliger Basis) is on the rise in the United States, especially among retired persons. It is estimated that almost 50 percent of Americans over age 18 do volunteer work, and nearly 75 percent of U.S. households contribute money to charity.*

for more information see: www.usembassy.de

INFO

"The Age of Entitlement", Newsweek, February 22, 1999 (abridged)

Call our era the Age of Entitlement. Stretching from the close of World War II to the mid-1990s, it is best defined by its soaring ambitions. We had a grand vision. We didn't merely expect things to get better. We expected all social problems to be solved.

In our new society most workers would have rising incomes and stable jobs. Poverty, racism and crime would recede. Compassionate government would protect the poor, old and unlucky. We expected almost limitless personal freedom and self-fulfillment.

We not only expected these things. After a while we thought that we were entitled to them as a matter of

right. What frightens and infuriates us now is that we haven't arrived at this new, improved America. We feel betrayed and bewildered, because our flawed society falls so short of the one we visualized.
Constant "corporate downsizing" spawns mass job insecurity. Congress's budget debate feeds fear that the social safety net is about to be savaged. And reactions to the O.J. Simpson verdict exposed wide racial divides. America lacks so many things that we expected.
What happened to our American dream? It turned out to be a fantasy. Our imagined society was a utopia. In the early postwar decades we seemed to be advancing effortlessly towards this perfect society. Wages rose, government expanded, poverty declined. But then the process slowed or stopped. Since the late 1960s we have had five recessions, two of which were severe. In late 1982 the monthly unemployment rate hit a postwar peak of nearly 11 %.
Superficially our problems seemed rooted in slower economic growth. Certainly, everything got worse when then economy got worse. Corporate stability was imperiled. Higher poverty and crime rates called for more government help.
But, actually, the explanation is far more complicated. Entitlement was based on a false analogy. In fact, we believed that social problems are like wars that can be won. But wars have beginnings and ends, victors and vanquished. Clarity ultimately asserts itself.

This was especially true of the defeat of fascist Germany and Japan in World War II, which to Americans demonstrated the superiority of their system.
Unfortunately, not all domestic problems can be beaten so decisively. Many (crime, poverty, racial conflicts) are permanent. They may go better or worse, but they don't go away. Undoubtedly, the new post-entitlement society is often a cold shower. A more competitive economy keeps pressure on wages, generates greater income inequality and fosters more job insecurity. Government is edging away from some social programs.
But the extent of the changes can be exaggerated. Most middle-aged workers still have career jobs. The notion that most people's incomes and living standards are stagnating or declining is simply false. Not only is it contradicted by the outpouring of new consumer products and services. It is also contradicted by official statistics, which, once corrected for slight overstatement of inflation, show sizable gains.
In one way or another, most modern societies face comparable pressures. Governments everywhere are overextended. People neither want to surrender benefits nor pay the taxes to support them.
Compared with Europe's, our problems seem modest. With unemployment at nearly 11 %, Europe has probably passed the point where oversized government hurts economic growth and job creation.

① Translate the text from *We had a grand ...* to *... is about to be savaged* (line 3–19).

② Questions on the text
a) "Our imagined society was a utopia". Explain the meaning of this phrase.
b) According to the author, what mistake was generally made in explaining the problems of the past few decades?
c) What predictions does the author make for the new post-entitlement society?
d) What means does the author use to interest the reader?

③ Composition (write about 250 words.)
The process of globalisation involves both risks and opportunities. What may globalisation mean to you personally?

Überlegen Sie sich zunächst Pro-und-contra-Argumente zum Thema Globalisierung. Anschließend dürfte es Ihnen nicht schwer fallen, ein Grobgliederung zu Ihrer *composition* zu erstellen. Sie könnte z. B. folgende Punkte beeinhalten:

Definition:

✦ Interconnectedness and interdependence of the world; goods, capital, services, people, ideas, values, cultures etc. are moving very quickly around the whole globe without borders.

Positive aspects:

- ✦ Chance to travel freely and to study in any country of the world
- ✦ Job opportunities offered abroad
- ✦ Cultural enrichment
- ✦ Availability of consumer goods
- ✦ English as a common language is understood everywhere

Negative aspects:

- ✦ Job insecurity, no job for life
- ✦ Growing pressure on wages
- ✦ "Working poor" are already a reality
- ✦ Planning the future might be more difficult as mobility is required

Conclusion:

- ✦ Explain why chances/risks prevail in your opinion.

TIPP

Wiederholen Sie die Formulierungshilfen auf den Seiten 71 ff., damit Sie die Übergänge zwischen den einzelnen Abschnitten Ihres Texts flüssig gestalten können. Achten Sie dabei aber darauf, dass Ihre „composition" nicht zu einer reinen Aneinanderreihung von Textbausteinen wird.

Bevor Sie nun mit dem Schreiben Ihres Textes zum Thema Globalisierung beginnen, können Sie anhand des folgenden Auszugs aus einer Schülerarbeit aus dem Abiturjahrgang 2005 noch einmal im Einzelnen nachvollziehen, was eine gute *composition* ausmacht:

> **Europe – a promising concept?**
> When discussing the question of Europe as a chance or a burden, we now have the advantage that we do not only have to rely on theoretical models and ideas – instead we are evaluating the advantages and disadvantages of several institutions already existing and working. So what is Europe? Is it simply the idea of a more or less united country, or will it become an organisation having more competences over its members than the US government has over its states? The prospects of such a unity can be discussed in terms of politics, economy and culture.

Diese Einleitung ist in folgenden Punkten vorbildlich:

- Sie führt konsequent auf das Thema hin.
- Es werden Fragen gestellt, auf die der Verfasser im Verlauf der Ausarbeitung zurückkommen wird.
- Die Einleitung weist bereits auf bestimmte Probleme der europäischen Einigung hin *(… more competences …)*.

- Sie verweist auf die verschiedenen Aspekte der Ausführungen des Verfassers *(... in terms of politics, economy, culture.)*
- Es wird ein ansprechendes Vokabular verwendet.
- Der Text enthält komplexe grammatikalische Strukturen, die die Einleitung auch formal sehr interessant machen.

Wenn Sie diese Punkte beim Ausformulieren Ihres Textes ebenfalls berücksichtigen, sollte einer gelungenen *composition* nichts mehr im Wege stehen.

Dass es sich bei Ihrer *composition* um ein typisches Pro-und-contra-Thema handelt, wird durch die Begriffe *risks* und *opportunities* sehr deutlich. Sie sollen also sowohl auf die Risiken als auch auf die Chancen der Globalisierung eingehen. Bei der Abwägung zwischen diesen beiden Punkten müssen Sie laut Aufgabenstellung auch berücksichtigen, welche Auswirkungen die Globalisierung auf Sie persönlich haben könnte *(What may globalisation mean to you personally?)*.

INFO

Bei einem schwer fassbaren Begriff wie „Globalisierung" ist es stets sinnvoll, eine Definition bzw. eigene Erklärung des Wortes an den Beginn des Textes zu stellen (vgl. Gliederung, S. 143/144). Damit wird dem Leser klar, welches Verständnis des Begriffs in der „composition" zugrunde gelegt wird.

Lesen Sie sich nun die Aufgabenstellung noch einmal durch und formulieren Sie dann Ihre *composition* vollständig aus. Danach können Sie Ihren kleinen Aufsatz mit den Anregungen im Lösungskasten vergleichen. Die hier ausformulierten Teile (Einleitung und Pro-Argumente) stammen ebenfalls aus der Feder eines Schülers des Abiturjahrgangs 2005.

3 Composition (write about 250 words.)
The process of globalisation involves both risks and opportunities. What may globalisation mean to you personally?

Italian food, American music, Japanese cars – today almost everything is available almost everywhere. No doubt, we live in a global village, and people, goods and ideas travel freely across the globe.
At first glance this may seem to be a fantastic development, the question, however, whether this is to everybody's advantage, deserves closer attention.
In fact, we do already enjoy the advantages of globalisation. The gradual decline in airfares has made it possible for many people to travel to any country they like. We are able and even invited to broaden our horizon by studying at foreign universities. Today such an experience is not merely an advantage but sometimes even an indispensable

> precondition for getting a top rank post. Those who have invested both time and money to gain that precious experience may also be able to work abroad and get to know new countries, cultures, minds and habits. Such a wide range of knowledge and impressions will certainly enrich a person mentally and intellectually. And, what is more, the language barrier among people is slowly disappearing, as English is emerging as a means of communicating internationally.

Auch diese Textpassage zeichnet sich dadurch aus, dass der Verfasser die Vorgaben zum Aufbau (vgl. S. 64 ff.) einer *composition* berücksichtigt und konsequent umgesetzt hat:

- ✦ Die einzelnen Passage entsprechen in ihrer Länge in etwa den Empfehlungen von Seite 65 f.
- ✦ Die Einleitung spielt auf ein bekanntes Phänomen an und weckt damit das Interesse des Lesers.
- ✦ Der Verfasser erklärt, was er unter Globalisierung versteht *(… everything is available almost everywhere; … goods and ideas travel freely across the globe)* und nennt damit zugleich zwei zentrale Kennzeichen der Globalisierung.
- ✦ Er lässt in seiner Einleitung aber auch die Ambivalenz dieser Entwicklung nicht unerwähnt.

- ✦ Die weiter vorne erwähnten Argumente werden in komprimierter Form dargeboten.
- ✦ Der Wortschatz ist abwechslungsreich.
- ✦ Wörter und Ausdrücke wie *deserves … attention, in fact, also, what is more* lassen die Binnengliederung der beiden Abschnitte erkennen.

Die *composition* wird in Abituraufgaben immer häufiger durch andere Aufgabenformen (z. B. Leserbrief, Interview, Artikel für eine Schülerzeitung) ersetzt. Auch hierzu ein kurzer Textauszug aus einer Schülerarbeit:

Write a letter to a representative in the European Parliament telling him/her about issues worrying you and your generation. Suggest possible solutions.
Dear Mr … /Mrs … /Miss …, in the face of globalisation many teenagers see a dark horizon in front of them. They are afraid that they will have no job in the future. Since the unemployment rate has been constantly rising and the government's attempts to solve the problem are largely futile, many youngsters have lost their belief in democracy. They see that voting for one of the established parties is useless, so they either don't vote at all or vote for the radical parties

hoping that they could possibly change something. Because the future seems so bleak, many young people even become violent in their despair.
(...)
I hope that these few words may help you to fully understand what ails this generation and that you, Mr. Representative, will not neglect the worries of the youth.

Yours sincerely,
(...)

Der Verfasser dieses Briefes hat die wichtigsten Punkte der Aufgabenstellung berücksichtigt:

- Er geht sehr genau auf die Themenstellung ein.
- Das Problem, das er anspricht, ist überzeugend dargestellt.
- Er geht auch auf eventuelle Folgen der Problematik ein.
- Sein Wortschatz ist dem Thema angemessen und abwechslungsreich, die Beherrschung grammatikalischer Strukturen einwandfrei.
- Am Schluss seiner Arbeit kommt er noch einmal auf die Aufgabenstellung zurück, indem er sich – wie bereits zu Beginn seines Briefes – persönlich an den Abgeordneten wendet.

Weitere Aufgaben zum Üben der *composition* sowie die dazugehörigen Lösungen finden Sie in Teil III bzw. IV dieses Buches. Zunächst sollten Sie aber die restlichen Aufgaben zum oben stehenden Text *The Age of Entitlement* durcharbeiten.

1 Translate the text from *We had a grand …* to *… is about to be savaged* (line 3–19).

Wir hatten eine große Vision. Wir erwarteten nicht nur/bloß, dass die Lage besser werden würde. Wir erwarteten, dass alle sozialen Probleme gelöst werden würden. In unserer neuen Gesellschaft würden die meisten Arbeiter steigende Einkommen und sichere Jobs haben. Armut, Rassismus und Verbrechen würden zurückgehen. Eine fürsorgliche Regierung würde die Armen, Alten und Glücklosen beschützen. Wir erwarteten fast unbegrenzte persönliche Freiheit und Selbstverwirklichung. Wir erwarteten dies alles nicht nur. Nach einer Weile dachten wir, wir hätten ein verbrieftes Anrecht darauf. Was uns jetzt ängstigt und ärgert, ist, dass wir in diesem neuen, verbesserten Amerika nicht angekommen sind. Wir fühlen uns betrogen und durcheinander/verwirrt, weil unsere fehlerhafte Gesellschaft so weit von der abweicht, die wir uns erträumt hatten. Die ständigen Entlassungen erzeugen Angst um die Arbeitsplätze. Die Haushaltsdebatten des Kongresses nähren Befürchtungen, dass das soziale Netz zerrissen wird.

❷ a) "Our imagined society was a utopia". Explain the meaning of this phrase.
✦ People thought a new, flawless society would come into existence.
✦ Economic stability, less crime, poverty etc. were expected.
✦ People also hoped that the degree of personal freedom and the chances to realize ones personal dreams might increase.
✦ The opposite happened: unemployment, less security.

❷ b) According to the author, what mistake was generally made in explaining the problems of the past few decades?
✦ The economic decline doesn't explain the failure of the American project.
✦ A false analogy was made: social problems were thought to be like wars, but wars are different: beginning and end are clear, there are winners and losers.
✦ Social problems can't be overcome this way, some (crime, poverty, conflicts between the races) may even stay forever.

❷ c) What predictions does the author make for the new post-entitlement society?
✦ Negative developments are likely to occur: pressure on wages, inequality, governments will reduce social programs. But incomes will not decline, the economy will expand and grow.
✦ Unemployment rates are higher in Europe, the USA is better off, its government is not that overstretched.

❷ d) What means does the author use to interest the reader?
✦ The author addresses the reader *(Call our era …, We had a grand vision …)*
✦ Statistical information supports the author's statement.
✦ Stylistic devices (rhetorical questions, repetitions, metaphors) are used.
✦ The title alludes to the term "Age of Enlightenment" = play on words might entice the reader to read on.
✦ The style is relatively simple, unscientific, makes the article easily understandable.

2. Literarische Texte

Neben Sachtexten aus Tageszeitungen und Magazinen können natürlich auch literarische Texte Bestandteil einer Abituraufgabe sein. Zu literarischen Texten gibt es teilweise spezielle Fragestellungen, wie z. B. die Frage nach der Erzählperspektive oder die Charakterisierung der Protagonisten.

2.1 Fragen zu Ort, Handlung und Personen in einem literarischen Text

Die meisten Abituraufgaben aus dem literarischen Bereich beginnen mit einer oder zwei Fragen zum Schauplatz, der Atmosphäre, dem Ablauf des Geschehens oder den handelnden Personen in einem Text. Zwei Beispiele hierzu finden Sie im Anschluss an den ersten Textauszug, der aus F. Scott Fitzgeralds Roman *The Great Gatsby* stammt.

INFO

Francis Scott Fitzgerald
Francis Scott Fitzgerald (1896–1940), amerikanischer Schriftsteller, gilt, genauso wie Ernest Hemingway, als einer der wichtigsten Vertreter der so genannten „lost generation". Eine Gruppe junger amerikanischer Schriftsteller gab sich diesen Namen, weil sie im Amerika der 20er-Jahre plötzlich die Werte und Vorstellungen, die ihnen wichtig waren,

nicht mehr fanden. Ihr Land schien ihnen hoffnungslos provinziell, materialistisch, kalt und gefühllos geworden zu sein. Fitzgeralds Thema ist die amerikanische Gesellschaft nach dem 1. Weltkrieg, die man auch „Jazz Age" oder „Roaring Twenties" nannte. Diese Zeit ist durch einen tief greifenden wirtschaftlichen und sozialen Wandel geprägt: Die Wirtschaft, vom entstehenden Autoboom angetrieben, erlebte eine Phase der Hochkonjunktur; neue Medien, wie etwa der Film und das Radio, verbreiteten sich rasch im ganzen Land und die Jazzmusik trat ihren Siegeszug an. Die Frauen der Oberschicht verwarfen überkommene Werte und Normen der Vorkriegszeit. Rauchen, Trinken und sexuelle Freizügigkeit galten diesen „neuen Frauen", auch „flappers" genannt, als Zeichen ihrer neu gewonnenen Rechte und Freiheiten. Ihr gestärktes Selbstbewusstsein brachten sie äußerlich durch eine für damalige Verhältnisse gewagte Kleidung und durch neue Kurzhaarfrisuren zum Ausdruck. Gleichzeitig ist die Zeit jedoch auch geprägt vom Versuch der amerikanischen Regierung, Herstellung, Verteilung und Genuss von Alkohol strikt zu verbieten. So entstand ein blühender Schmuggel, und geheime Kneipen (speakeasies), in denen man illegal Alkohol trinken konnte, schossen geradezu aus dem Boden. Vor diesem Hintergrund spielt Fitzgeralds Roman „The Great Gatsby", in dem er die Welt der High Society der 20er-Jahre kritisch darstellt.

INFO

In dem nun folgenden Textauszug beschreibt der Autor einen fiktiven, heruntergekommenen Ort in der Nähe von New York. In diesem *Valley of Ashes* genannten Tal betreibt George Wilson eine Autowerkstatt. Der Erzähler und sein reicher Freund Tom machen dort auf der Fahrt nach New York kurz Halt.

Francis Scott Fitzgerald, "The Great Gatsby"

About half way between West Egg and New York the motor-road hastily joins the railroad and runs beside it for a quarter of a mile so as to shrink away from a certain desolate area of land. This is a valley of ashes – a fantastic farm where ashes grow like wheat into ridges and hills and grotesque gardens, where ashes take the forms of houses and chimneys and rising smoke and finally, with a transcendent effort, of men who move dimly and already crumbling through the powdery air. Occasionally a line of grey cars crawls along an invisible track, gives out a ghastly creak and comes to rest, and immediately the ash-grey men swarm up with leaden spades and stir up an impenetrable cloud which screens their obscure operations from your sight.
But above the grey land and the spasms of bleak dust which drift endlessly over it, you perceive, after a moment, the eyes of Doctor T. J. Eckleburg. The eyes of Doctor T. J. Eckleburg are blue and gigantic – their retinas are one yard high. They look out of no face but,

instead, from a pair of enormous yellow spectacles which pass over a nonexistent nose. Evidently some wild wag of an oculist set them there to fatten his practice in the borough of Queens and then sank down himself into eternal blindness or forgot them and moved away. But his eyes, dimmed a little by many paintless days under sun and rain, brood on over the solemn dumping ground.

The valley of ashes is bounded on one side by a small foul river, and when the drawbridge is up to let barges through, the passengers on waiting trains can stare at the dismal scene for as long as half an hour. There is always a halt there of at least a minute and it was because of this that I first met Tom Buchanan's mistress. The fact that he had one was insisted upon wherever he was known. His acquaintances resented the fact that he turned up in popular restaurants with her and, leaving her at a table, sauntered about chatting with whomsoever he knew. Though I was curious to see her I had no desire to meet her – but I did. I went up to New York with Tom on the train one afternoon and when we stopped by the ashheaps he jumped to his feet and taking hold of my elbow literally forced me from the car.

"We're getting off!" he insisted. "I want you to meet my girl."

I think he'd tanked up a good deal at luncheon and his determination to have my company bordered on violence. The supercilious assumption was that on Sunday afternoon I had nothing better to do.

I followed him over a low white-washed railroad fence and we walked back a hundred yards along the road under Doctor Eckleburg's persistent stare. The only building in sight was a small block of yellow brick sitting on the edge of the waste land, a sort of compact Main Street ministering to it and contiguous to absolutely nothing.

One of the three shops it contained was for rent and another was an all-night restaurant approached by a trail of ashes; the third was a garage – Repairs. GEORGE B. WILSON. Cars Bought and Sold – and I followed Tom inside.

The interior was unprosperous and bare; the only car visible was the dust-covered wreck of a Ford which crouched in a dim corner. It had occurred to me that this shadow of a garage must be a blind and that sumptuous and romantic apartments were concealed overhead when the proprietor himself appeared in the door of an office, wiping his hands on a piece of waste. He was a blonde, spiritless man, anaemic and faintly handsome. When he saw us a damp gleam of hope sprang into his light blue eyes.

"Hello Wilson, old man," said Tom, slapping him jovially on the shoulder. "How's business?"

"I can't complain," answered Wilson unconvincingly. "When are you going to sell me that car?"

"Next week; I've got my man working on it now."

"Works pretty slow, don't he?"

"No, he doesn't," said Tom coldly. "And if you feel that way about it maybe I'd better sell it somewhere else after all."

"I don't mean that," explained Wilson quickly. "I just meant –"

His voice faded off and Tom glanced impatiently around the garage. Then I heard footsteps on a stairs and in a moment the thickish figure of a woman blocked out the light from the office door. She was in the middle thirties, and faintly stout, but she carried her surplus flesh sensuously as some women can. Her face, above a spotted dress of dark blue crêpe-de-chine, contained no facet or gleam of beauty but there was an immediately perceptible vitality about her as if the nerves of her body were continually smouldering. She smiled slowly and walking through her husband as if he were a ghost shook hands with Tom, looking him flush in the eye. Then she wet her lips and without turning around spoke to her husband in a soft, coarse voice:

"Get some chairs, why don't you, so somebody can sit down".

"Oh sure," agreed Wilson hurriedly and went toward the little office, mingling immediately with the cement color of the walls. A white ashen dust veiled his dark suit and his pale hair as it veiled everything in the vicinity – except his wife, who moved close to Tom.

① How does the author describe the atmosphere prevailing in the Valley of Ashes? Refer to the place itself, the building and the people.

② Who is T. J. Eckleburg? Explain his meaning and function in the given scene.

Sie können bereits aus der Fragestellung ersehen, dass die Antwort zu Frage 1 aus 3 Teilaspekten bestehen muss. Dadurch sind sowohl Inhalt als auch Struktur der Antwort vorgegeben.

In der Antwort soll erläutert werden, welche Atmosphäre im Tal der Asche vorherrscht. Diese Grundstimmung muss zunächst allgemein *(to the place itself)*, dann am Beispiel des Gebäudes *(to the building)* und schließlich in Bezug auf die handelnden Personen *(to the people)* dargestellt werden. Wenn Sie dazu jeweils Stichpunkte gesammelt haben, müssen Sie nur noch die drei Teilaspekte zu einer Gesamtantwort zusammenfügen.

Markieren Sie aber zuerst mit unterschiedlichen Farben diejenigen Wörter und Ausdrücke, die Sie für die Beschreibung der jeweiligen Teilaspekte für aussagekräftig halten. Das ist eine gute Übung, um Texte systematisch zu bearbeiten und dabei ihre Struktur immer im Auge zu behalten. Bald werden Sie sicher so geübt sein, dass Sie diesen Zwischenschritt nicht mehr benötigen und gleich mit der Stichpunktsammlung beginnen können. Schließlich kommt es in der Abiturprüfung auch darauf an, zügig zu arbeiten.

Bei der Beantwortung der ersten Frage sollten Sie zudem folgende Punkte beachten:

- Beim ersten Durchlesen des Textes wurde Ihnen sicher bereits die bedrückende Atmosphäre des Ortes bewusst.
- Hinweise auf das Gebäude, in dem Wilson seine Garage betreibt, finden Sie in dem Abschnitt *The interior* … to … *piece of waste* (line 62–68).
- Achten Sie stets darauf, wie die einzelnen Personen miteinander umgehen, in welcher Weise sie miteinander sprechen, und wer gegenüber wem welche Stellung einnimmt.
- Schreiben Sie Ihre Eindrücke nicht wahllos nieder, sondern ordnen Sie sie nach den in der Frage genannten Kriterien.
- Suchen Sie im Text nach Wörtern, die den düsteren Gesamteindruck der Szene wiedergeben, und zitieren Sie diese.
- Kennzeichnen Sie Zitate aus dem Text mit Anführungsstrichen (in gedruckten Texten ist auch Kursivschreibung möglich) und/oder verweisen sie auf die jeweiligen Passagen des Textes, indem Sie die Zeilennummer angeben.

① How does the author describe the atmosphere prevailing in the Valley of Ashes? Refer to the place itself, the building and the people.
✦ **General impression:** a desolate area lacking any kind of glamorous surface: *ashes grow* (line 5), *ash-grey men* (line 12), *powdery air* (line 9), *bounded ... by a small foul river* (line 28/29); all in all a dismal scene. The valley gives a picture of absolute desolation and poverty.
✦ **The building:** no houses, except one *small block of yellow brick* (line 53); one of the three shops in it is empty (line 57); there is an all-night restaurant and a dark garage with just one car in it: *the only car visible was the dust-covered wreck of a Ford* (line 62/63); a *shadow of a garage* (line 65).
✦ **The people:** Wilson: a *spiritless man, anaemic* (line 69), dead in all respects, bossed around by his wife (line 95–99). He seems to be the embodiment of poverty and almost serves the function of a dumping ground for other people's whims, feelings and moods. Tom: he treats Wilson condescendingly, almost like a servant → *slapping him jovially on the shoulder* (line 72–73), *said Tom coldly* (line 78). Wilson's wife: slightly overweight (line 85–88), not beautiful but full of vitality (line 90/91), sensuous (line 94–96).

Und was hat es jetzt mit dem ominösen T. J. Eckleburg auf sich? Wer ist der Mann, welche Bedeutung hat er? Hier einige Vorüberlegungen:

- Warum hat der Autor diese Figur/Person genau an dieser Stelle eingebaut?
- Welche Bedeutung misst der Autor der Figur bei?
- Was sagt diese Figur aus, was bedeutet sie?

An diesen Vorüberlegungen können Sie bereits erkennen, dass die Frage 2 nicht ausschließlich textbezogen ist, sondern schon deutlich in Richtung Interpretation geht. Das bedeutet konkret, dass Sie auch über den gedruckten Text hinausdenken müssen:

❷ Who is T. J. Eckleburg? Explain his meaning and function in the given scene.
a) Facts from the text: ✦ Dr. Eckleburg is a New York ophthalmologist who set up the billboard in order to attract customers. ✦ In the course of time, sun and rain have washed away parts of the color (*nonexistent nose,* line 21). ✦ Dr. Eckleburg's eyes are a grotesque image, they are not attached to any face or body and *brood on over the solemn dumping ground* (line 26/27).

b) Interpretation:
The image of the decaying picture and the empty look at the scenery underlines the author's central message:
- ✦ It seems as if God himself was staring at the moral decay of the 1920s.
- ✦ The idea of God in the post-industrial age seems to be shattered and damaged.
- ✦ No hope of reaching great aims is left.

TIPP

Es besteht kein Grund zur Sorge, wenn Sie nicht alle diese Punkte in Ihrer Antwort aufgeführt haben. Wenn Sie erkannt haben, dass Eckleburgs Augen einen „kritischen Blick" auf die trostlose soziale Realität, die vorgeführt wird, werfen, haben Sie die Frage im Kern richtig beantwortet.

2.2 Erzählperspektive und Sprachstil des Erzählers

Besonders im Falle von literarischen Texten wird häufig nach der Erzählperspektive *(point of view/narrative perspective)* oder dem vorherrschenden Tonfall bzw. der spezifischen Sprache gefragt (vgl. S. 54ff. u. 126ff.). Deshalb stehen bei der Analyse des nächsten Textes diese zwei Fragestellungen im Mittelpunkt.
Der folgende Textauszug stammt aus dem Roman *Get your ya-ya's out* des amerikanischen Kultautors David

Sedaris. Zu Beginn des Buches schildert der Erzähler, wie früher die Besuche bei seiner griechischen Großmutter abliefen.

David Sedaris, "Get your ya-ya's out"

It was for many years my family's habit to drive from North Carolina to western New York State to visit the relatives we had left behind. After spending ten days with my mother's family in Binghamton, we would drive the half hour to Cortland and spend an afternoon with my father's mother, the woman we addressed as Ya Ya.

Ya Ya owned a newsstand/candy store, a long narrow room fitted with magazine racks and the high, wall-mounted chairs the townspeople occupied while receiving their shoeshines. She lived above the store in the apartment my father had grown up in. "A shithole," my mother said, and even at the age of seven, I thought, *Yes, she's right. This is a shithole.* My mother's parents also lived in an apartment, but theirs had been arranged with an eye toward comfort, complete with a bathroom door and two television sets. I spent my time at Ya Ya's wondering what this place might have been before someone got the cruel idea to rent it out as an apartment. The dark, stifling hallway had been miscast in the role of a kitchen, and the bathroom looked suspiciously like a closet. Clothespinned bedspreads separated the bedroom from the living room, where the dining table was tightly wedged between the sofa and refrigerator. Surely, there were other places to live, perhaps a tent or maybe an abandoned muffler shop, someplace, *anyplace,* cheerier than this. I recall one visit when she carried on about her recently deceased pet, a common goldfish she kept in a murky jar up on the apartment's only window ledge. Ya Ya had returned from work and, finding the jar empty, decided that the fish had consciously thrown itself out the window. "He no happy no more and think to have a suicide," she said.

"Commit," my mother said "He *committed* suicide." She threw her cigarette butt out the window and stared down into the littered alley below. "You don't *have* a suicide, it has you."

"Okay", Ya Ya said, "But why he have the suicide? Is pretty, the fish. Why he want to take he life away?"

"You're asking *why?*" My mother lowered her sunglasses. "Open your eyes and take a lucky guess," She emptied the jar into the sink. "This place is a dump."

"What Sharon means," my father said, "is that a fish isn't capable of thinking in those terms". (…) Ya Ya stared into the distance and sighed. I imagine she had spoken to the fish, had loved it the best she knew how, but her affection, like her cooking, was devoid of anything one might think of as normal. She regarded her grandchildren as if we were savings bonds, something certain to multiply in value through the majesty of arithmetic. Ya Ya and her husband had produced one child, who in turn had yielded five, a wealth of hearty field hands destined to return to the village, where we might crush olives or stucco windmills or whatever it was they did in her hometown. She was always pushing up our sleeves to examine our muscles, frowning at the sight of our girlish, uncalloused hands. Whereas our other grandparents asked what grade we were in or which was our favourite ashtray, Ya Ya never expressed any interest in that sort of thing. Childhood was something you endured until you were old enough to work, and money was the only thing that mattered. She would sooner iron a stack of dollar bills than open any of the magazines or newspapers that lined the walls of her store. She didn't know who the president was, much less the central characters in any of her bestselling comic books. (…)

It was difficult to imagine her raising a child of her own, and chilling to realize that she had. As a baby my father had been confined to a grim corner of the newsstand, where he crawled on a carpet of newspapers, teething on nickels. He never had a bed, much less his own room, and considered himself lucky when the visitors left and he had the couch to himself. Our dog had it better than that.

"Louie," she would say, patting the hair on my father's knuckles, "Louie and the girl."

"The girl" was what she called my mother. My parents had been married twelve years, and Ya Ya still couldn't bring herself to call her daughter-in-law by name. My father had made the mistake of marrying an outsider, and it was my mother's lot to suffer the consequences. She had somehow tricked him, sunk in her claws, and dragged him away from his people. It would have been all right for him to remain at home for the rest of his life, massaging worry beads and drinking bitter coffee, but to marry a woman with two distinct eyebrows was unpardonable.

"Tell the girl she can sit down now," Ya Ya would say to my father, pointing to a stool on the far side of the room.

"Tell the gnome I won't be staying that long," my mother, would respond. "Her cave's a little on the dingy side, and I think I might have an allergy to her mustache."

We would pass the afternoon at Ya Ya's table, eating stringy boiled meat served with spinach pie. The food tasted as though it had been cooked weeks beforehand and left to age in a musty trunk. Her meals had been marinated in something dank and foreign and were cooked not in pots and pans, but in the same blackened kettles used by witches. Once we'd been served, she performed an epic version of grace. Delivered in both Greek and broken English, it involved tears and

excessive hand-wringing and came off sounding less like a prayer than a spell. (…)
Our visits concluded with an all-you-could-grab assault on the store. "You can each take *one* thing," my father said. My sisters and I carried bags and pillowcases, clearing the shelves of comic bocks. We stuffed our sacks and pockets with candy and popcorn for the twelve-hour ride back home, overpowering the car with the scent of newsprint and Ya Ya's spooky love.

① From which perspective does the narrator tell the story?

② Comment on the tone and language used by the protagonists.

Bevor Sie sich an die Beantwortung der beiden Fragen machen, sollten Sie folgende Vorüberlegungen anstellen:

- In welchem Alter war der Ich-Erzähler, als er die geschilderten Vorgänge erlebte?
- Woran erkennt man, dass ein Erwachsener diese Geschichte geschrieben hat?
- Welche Atmosphäre herrscht bei den Familientreffen?
- Wie sprechen Mutter und Großmutter des Erzählers miteinander?
- Welche Wörter fallen besonders auf?
- Welche Beobachtungen macht der Autor/Erzähler?

❶ From which perspective does the narrator tell the story?

The author must have been a child when he experienced those family reunions. The only thing he was interested in were grandma's candies and comic books. This becomes most obvious at the end of the episode when the children prepare themselves for the long way home by storing as many sweets and books as possible. But the story is told from an adult perspective. In retrospect the narrator still feels the tense atmosphere among the women.
He comments critically on grandma's refusal to adapt to the American way of life. He even makes fun of: the uncomfortable flat (line 14–27), her way of cooking (line 99–104), his father's miserable childhood (line 72–78), her selfish attitude towards rearing children (line 50–58), her opinion on her daughter-in-law (line 81–85), her clinging to Greek traditions and appearance: *worry beads, eyebrows, prayers* (e.g. line 89, 90, 108).
Only an adult knowing something about traditions and the question of integration can analyse a situation and a person like Grandmother and her values/whims etc. that precisely.
To sum up, the author experienced the visits when he was a child, but remembers, retells and interprets them as an adult.

② Comment on the tone and language used by the protagonists.

One easily gets the feeling that the atmosphere during the family visits is tense and unpleasant. Especially the narrator's grandmother and his mother can't stand each other. The tone they use, ranges from slight irony to sheer sarcasm and aggression. The narrator himself is highly ironic

- when talking about the flat (*miscast in the role of a kitchen*; line 20/21)
- reporting about grandma's flawed English (*But why he have the suicide?*; line 33–40)
- saying that children meant farmhands to grandma (line 55–58); chilling to realize she had raised children, (line 71)
- describing the typical Greek husband (*massaging worry beads and drinking bitter coffee*; line 89).

The two ladies even go a step further. They openly insult and spite each other:

- His mother calls the flat a *shithole*. (line 12).
- She's addressed as *the girl* by her mother-in-law (line 92)
- Mum, in return, calls ya-ya a *gnome*, complains about the kitchen and mocks at grandma's mustache (line 94–97).

2.3 Charakterisierung

Anhand des folgenden Textauszugs werden noch einmal drei typische Fragestellungen für die Untersuchung literarischer Texte vorgestellt und exemplarisch beantwortet. Eingehender behandelt wird dabei die *characterization* von Personen, denn die Beschreibung der Hauptpersonen in einem literarischen Text ist sehr häufig ein wichtiger Bestandteil von Abituraufgaben.

David Lodges Roman *Nice Work* spielt in England in den 80er-Jahren des letzten Jahrhunderts. Während Robyn und ihr Freund Charles an einer Universität in Nordengland arbeiten, verdienen Robyns Bruder Basil und seine Freundin ihr Geld im Aktiengeschäft in einer Londoner Bank. Hintergrund der Geschichte ist der bereits erwähnte *North-South-Divide* (vgl. S. 34).

Zur Verdeutlichung der Unterschiede zwischen dem Norden und dem Süden Englands finden Sie an dieser Stelle einige offizielle Informationen. Versuchen Sie sich möglichst viele der aufgelisteten Daten einzuprägen, mit Sicherheit werden sie Ihnen bei der Beantwortung der einen oder anderen Frage zum Thema *North-South-Divide* von Nutzen sein. Unbedingt lernen sollten Sie die Bedeutung der gefetteten Ausdrücke und Wendungen. Auf diese Weise erweitern Sie Ihren Wortschatz um einige wichtige Fachbegriffe.

North-South-Divide

- ***Disposable income per head*** *(= verfügbares Einkommen pro Kopf) in England in 1997 ranged from 11,084 pounds in London to 8,080 pounds in the North East.*
- *ILO* ***unemployment rates*** *(= Arbeitslosenrate) varied from 3.7% in the South East to 10.1% in the North East.*
- *The percentage of children in England achieving 5 or more* ***GCSEs at grade A*–C*** *(= mittlerer Schulabschluss) in 1998/99 varied from 39.4% in the North East to 51.2% in the South East.*
- *The percentage of children under 5 in education in the UK in 1997/98 ranged from 47% in the South East to 86% in the North East.*
- *The percentage of households in receipt of benefit in Great Britain in 1997/98 ranged from 63% in the South East to 77% in the North East.*
- *The percentage of households living in* ***poor housing*** *(= schlechte Wohnverhältnisse) in England in 1996 varied from 11% in the South West to 19% in London.*
- *The rates of notifiable* ***offences*** *(= Straftaten) recorded by the police per 100,000 population in the UK in 1997 ranged from 3,715 in Northern Ireland to 10,857 in Yorkshire and the Humber.*

for more information see: www.bbc.co.uk

INFO

David Lodge, "Nice Work"

She went to the window and peeped out at the front porch. "Good Lord!" she exclaimed. "It's Basil!" "Your brother?" "Yes, and a girl." Robyn did a hop, skip and jump across the cluttered floor and went to open the front door, while Charles, displeased at the interruption, marked his place in the book and stowed it away in his briefcase. The little he knew about Basil did not suggest that deconstruction was a likely topic of conversation in the next hour or two.

Basil's decision to go into the City, announced to an incredulous family in his last undergraduate year at Oxford, had not been an idle threat. He had joined a merchant bank on graduating and after only three years' employment was already earning more than his father, who had related this fact to Robyn at Christmas with a mixture of pride and resentment. Basil himself had not been at home for Christmas, but skiing in St Moritz. It was in fact some time since Robyn had seen her brother, because, for their parents' sake, they deliberately arranged their visits home to alternate rather than coincide, and they had little desire to meet elsewhere. She was struck by the change in his appearance: his face was fatter, his wavy corn-coloured hair was neatly trimmed, and he seemed to have had his teeth capped – all presumably the results of his new affluence. Everything about him and his girlfriend signified money, from their pastel-pale, luxuriously thick sheepskin coats that seemed to fill the threshold when she opened the front door, to the red C-registration BMW parked at the kerb behind Charles' four-year-old Golf. Underneath the sheepskin coats Basil was wearing an Aquascutum cashmere sports jacket, and his girlfriend, whose name was Debbie, an outfit remarkably like one designed by Katherine Hamnett illustrated in that day's *Sunday Times*. This classy attire was explained partly by the fact that they had been to a hunt ball in Shropshire the previous evening, and had decided on impulse to call in on their way back to London. "A hunt ball?" Robyn repeated, with a raised eyebrow. "Is this the same man whose idea of a good night out used to be listening to a punk band in a room over a pub?" "We all have to grow up, Rob," said Basil. "Anyway, it was partly business. I made same useful contacts." "It was a real lark," said Debbie, a pretty pale-faced girl with blonde hair cut like Princess Diana's, and a figure of almost anorexic slimness. "Held in a sorter castle. Just like a horror film, wonnit?" she said to Basil. "Suits of armour and stuffed animals' heads and everyfink." At first Robyn thought that Debbie's Cockney accent was some sort of joke, but soon realized that it was authentic. In spite of her Sloaney clothes and hair-do, Debbie was decidedly lower-class. When Basil mentioned that she worked in the same bank as himself, Robyn assumed that she was a secretary or typist, but

was quickly corrected by her brother when he followed her out to the kitchen where she was making tea. "Good Lord, no," he said "She's a foreign-exchange dealer. Very smart, earns more than I do." "And how much is that?" Robyn asked. "Thirty thousand, excluding bonuses," said Basil, his arms folded smugly across his chest. Robyn stared. "Daddy said you were getting disgustingly rich, but I didn't realise just how disgusting." (…) "Is it serious, then, between you and Debbie?" "What's serious?" said Basil, showing his capped teeth in a bland smile. "We don't have anybody else, if that's what you mean."
"I mean, are you living together?" "Not literally. We both have our own houses. It makes sense to have a mortgage each, the way property prices are going up in London. How much did you pay for this place, by the way?" "Twenty thousand." "Good God, it would fetch four times that in Stoke Newington. Debbie bought a little terraced house there two years ago, just like this, for forty thousand, it's worth ninety now …" (…)
"Fact is, we're both too knackered after work to be interested in anything more energetic than a bottle of wine and a hot bath. It's a long day. Twelve hours – sometimes more if things get lively. Debbie is usually at her desk by seven.' "Whatever for?" "She does a lot of business with Tokyo … So we tend to work hard on our own all week and live it up together at the weekend. What about you and Charles? Isn't it time you got

hitched?" "Why d'you say that?" Robyn demanded. "I was thinking, as we saw you through your front window from the pavement, that you looked just like same comfortably married couple." "We're not into marriage." "I say, do people still say ,into' like that, up here in the rust belt?" "Don't be a metropolitan snob, Basil." "Sorry," he said, with a smirk that showed he wasn't. "You've been very faithful, anyway." "We don't have anyone else, if that's what you mean," she said drily. "And how's the job?" "In jeopardy," said Robyn, leading the way back to the living-room. Debbie, perched on the arm of Charles's chair, her hair falling over her eyes, was showing him a little gadget like a packet quartz alarm dock. "Is Lapsang Suchong all right?" Robyn asked, setting down the tea tray, and thinking to herself that Debbie probably favoured same brand advertised on television by chimps or animated teapots, brewed so strong you could stand the teaspoon up in it. "Love it," said Debbie. She really was a very difficult person to get right. (...)

"So what's this about your job?" Basil asked Robyn. Robyn explained briefly her situation, while Charles provided a more emotive gloss. "The irony is that she's easily the brightest person in the Department," he said. "The students know it, Swallow knows it, the other staff know it. But there's nothing anybody can do about it, apparently. That's what this government is doing to the universities: death by a thousand cuts."

① What two different lifestyles are displayed in the text?

② How is Debbie characterized?

③ Explain the point of view applied in this episode. Show the consequences of the point of view chosen by the author.

Bei der ersten Frage sollen Sie aus Beschreibungen oder kleinen Bemerkungen herauslesen, wie sich das Leben der beiden Paare unterscheidet. Folgende Unterschiede fallen ziemlich schnell auf und sollten deshalb auch auf jedem Fall in Ihrer Antwort enthalten sein.

① What two different lifestyles are displayed in the text?

Robyn and Charles:

- They both want to make an academic career (line 103–109).
- Deconstruction is a topic of conversation for them, but not suited for Basil and Debbie (line 7–9).
- They live in the rust belt (line 88), the area of declining industries in the North of England.
- Their car is a four-year-old Golf (line 31).
- They obviously have a low income, no job security (line 92).

Basil and Debbie:

- ✦ A couple of symbols of wealth are mentioned: BMW (line 30), capped teeth (line 25), designer clothes (line 27–35), St Moritz (line 18).
- ✦ Debbie does not have an academic background (line 52).
- ✦ Basil's high income is despised by the rest of the family (his father told it to Robyn with resentment) (line 14–16).

Bevor Sie die Beantwortung der zweiten Frage angehen, sollten Sie sich nochmals bewusst machen, dass man bei der Charakterisierung von Personen in literarischen Texten zwischen zwei Vorgehensweisen unterscheiden kann:

a) **direkte Charakterisierung:** Der Erzähler macht konkrete Aussagen über Aussehen und Charakter einer Person.

b) **indirekte Charakterisierung:** Der Erzähler beschreibt Handlungen, Vorlieben usw., die eine Person ebenfalls näher kennzeichnen.

Zur Lösung von Aufgabe 2 müssen Sie deshalb zuerst überlegen, was im Text direkt über Debbie ausgesagt wird. Dann listen Sie auf, was Sie indirekt über Debbie erfahren.

② How is Debbie characterized?

Direct characterisation:

- Pretty, pale-faced, fashionable hair cut (like Lady Di's) (line 44–45).
- Slim, on the verge of having eating disorders (line 46).
- Well dressed, imitating upper-class London people (line 51–52).
- She has got a high income, seems to be pretty smart in her job (line 57/58).
- She comes from a lower class family from a poor London area (line 52).

Indirect characterisation:

- She still has a cockney (= lower class) accent (line 50/51): *wonnit* (line 47), *everyfink* (line 49).
- She is suspected to know nothing about good tea, preferring the cheap brands advertised on TV (line 97–99).

Die dritte Aufgabe zu diesem Text dürfte Ihnen eigentlich keine großen Probleme mehr bereiten, denn Sie haben die Fragen zur Erzählperspektive jetzt ja bereits mehrfach geübt. Falls Sie dennoch feststellen sollten, dass Sie sich bei der Bestimmung der Erzählsituation vertan haben, lesen Sie nochmals das entsprechende Kapitel im Basiswissen auf Seite 54 ff.

❸ Explain the point of view applied in this episode. Show the consequences of the point of view chosen by the author.
✦ This is a third-person narrative.
✦ We see the episode through Robyn's eyes.
✦ This limits our knowledge to what she thinks, feels, assumes, knows.
✦ We hear that her father told her something about Basil's income.
✦ We don't get to know what he told Basil about Robyn's career and life.
✦ We only get to know her judgement of Basil and Debbie.
✦ We don't know what Debbie may think about the academic couple.
✦ There are many things we don't get to know although they might be interesting: Does Debbie find these people arrogant and supercilious? How does she feel in the company of Robyn and Charles? Is Basil satisfied with his new life? Does he really love Debbie? Does he pity the "poor" relatives?

1. Sachtexte

In diesem Teil des Buches haben Sie nun die Möglichkeit komplette Aufgaben zu bearbeiten, die in dieser Form auch im Abitur vorgelegt werden könnten. Die Lösungen zu den einzelnen Übungsklausuren finden Sie im vierten Teil des Buches. Sollten Sie bei der Beantwortung einzelner Fragen noch Schwierigkeiten haben, können Sie in den Teilen „Basiswissen" und „Methodentraining" noch einmal nachlesen, wie Sie bei der Bearbeitung der verschiedenen Aufgabentypen vorgehen und welche Vorgaben Sie in jedem Fall beachten sollten.

Der folgende Text entspricht in Länge, Niveau und Aufgabenstellung dem Grundkursabitur.

1.1 Übungsklausur 1

"No hiding place", from: The Guardian, June 4, 2003 (abridged and slightly edited)

According to Tony Blair, antisocial behaviour is the biggest issue facing most people in Britain. The issue includes "rubbish and worse, thrown into gardens and pushed through letter boxes, incessant loud music, continual shouting and screaming, and intimidation in the street by gangs of young people, and other drunken and rowdy behaviour". Blair has made tackling "yob culture" the government's domestic priority in this parliament. Tough new powers are being granted to enable authorities to clamp down. In this punitive climate, social housing landlords across the country are using a variety of antisocial behaviour laws to get unruly residents out. Recent estimates say that almost 6000 social housing tenants were threatened with eviction last year because of antisocial behaviour. While no one condones such behaviour, or underestimates the misery it can cause, does this approach really work – or does it simply displace the problem?

Manchester's tough stance has resulted in the eviction of 283 households for antisocial behaviour since 1995. But much less is known about what happens to those nuisance neighbours afterwards. Some of the families have ended up in nearby Rochdale. Instead of following Manchester's lead though, Rochdale has gone against the political grain. It has set up a project that supports people to change their behaviour. In return for support for up to one year, families sign up to a good-behaviour contract. If the contract is broken, they can lose their homes. So far, the project, which started last September, has helped 35 families. None has been evicted and the number of complaints from neighbours has significantly decreased. Such behaviour is more complicated to resolve than most people realise.

Sinead O'Connor, project manager says: "Those accused of antisocial behaviour are usually the most vulnerable in society, and making them homeless is just going to exacerbate the problem. What they most need is stability so that they can begin to address their behaviour. One woman being helped by the project has mental health problems, which means she found it difficult to turn away rowdy visitors. She was the victim of their behaviour, but to her neighbours she was the perpetrator."

So why are other councils not adopting this approach? Paul Beardmore, the head of Manchester's council of housing, believes it is a political issue. "It looks better dealing with families with a hard line that gets a positive press," he says. "You don't get a positive press for helping families to avoid eviction. It's easier to sell a hard line than support and prevention. This client group does not attract much sympathy and therefore may not be seen as a priority."

He is concerned that the government has over-emphasised punishment as a way of dealing with the problem, as many believe severe punishment is the only language unruly tenants understand.

The Irwell Valley Housing Association is pioneering a new approach. Tenants who behave themselves and pay their rent on time get financial bonuses, day trips and a fast repair service. Those who misbehave receive only a basic service, and persistent troublemakers are evicted. Tom Manion, the chief executive, says that support should be offered to help change people's behaviour. But he adds: "If they consistently misbehave, there has to be punishment and some kind of sanction."

Five weeks ago, two Irwell Valley staff had to be put up in a hotel after they were threatened by a man with a sawn-off shotgun. Manion firmly believes that if the threat of benefit cuts does not work, the worst families should be moved to purpose-built properties away from the rest of the community. If all attempts to get them to behave reasonably fail, they should be separated from other people, and be able to torment themselves until they learn to behave better.

1. **Translate the text from line 1 to line 15.**
2. **Questions on the text**
   a) **What different approaches towards antisocial behaviour are applied in Manchester and in Rochdale?**
   b) **Why is such behaviour so hard to tackle?**
   c) **According to Paul Beardmore, why is taking a tough line on these people so popular?**
   d) **How does the Irwell Valley Project deal with the situation?**
3. **Composition (150–160 words)**
   Today politicians complain that people insist too much on their rights and think too little of their duties. Is this complaint justified?

Die nächste Aufgabe hat noch nicht ganz die Länge und den Schwierigkeitsgrad einer Abituraufgabe im Leistungskurs, tendiert aber in diese Richtung und behandelt den umfangreichen und wichtigen Themenkomplex „Einwanderung/Anpassung/Integration", der häufig Gegenstand der Abiturprüfung ist. Bevor Sie mit der Bearbeitung der Fragen beginnen, sollten Sie sich deshalb die folgenden Informationen zu diesem Thema gründlich durchlesen und sich die gefetteten Begriffe gut einprägen:

INFO

Limitation of immigration

- ✦ *In 1924, the first laws were passed that set limits on how many people from specific countries would be admitted to the United States.*
- ✦ *In 1965,* ***immigration quotas*** *(= Einwanderungsquoten) were established according to who applied first; and national quotas were replaced with hemispheric ones. Preference was given to relatives of U. S. citizens and immigrants with specific job skills.*
- ✦ *In 1978, Congress abandoned hemispheric quotas and established a worldwide* ***ceiling*** *(= Höchstgrenze).*
- ✦ *The United States accepts more immigrants than any other country; in 1998, its population included 25.2 million foreign-born persons (that is 9.3 % of the total population).*

- *The revised immigration law of 1990 created a flexible cap of 675,000 immigrants each year, with certain categories of people exempted from the limit. That law attempts to attract more* ***skilled workers*** *(= gut ausgebildete Facharbeiter) and professionals to the United States and to draw immigrants from countries that have supplied relatively few Americans in recent years.*

Illegal Immigrants

- *The U. S. Immigration and Naturalization Service estimates that some 5 million people are living in the United States* ***without permission*** *(ohne Aufenthaltsgenehmigung), and the number is growing by about 275,000 a year.*
- *Native-born Americans and legal immigrants worry about the problem of illegal immigration. Many believe that illegal immigrants (also called "illegal aliens") take jobs from citizens, especially from young people and members of minority groups.*
- *Moreover,* ***illegal aliens*** *(= Fremde ohne Aufenthaltsgenehmigung) can place a heavy burden on tax-supported social services.*
- *In 1986, Congress revised immigration law to deal with illegal aliens. Many of those who had been in the country since 1982 became eligible*

INFO

*to apply for **legal residency** (= Aufenthalts-erlaubnis) that would eventually permit them to stay in the country permanently.*

- *In 1990, nearly 900,000 people took advantage of this law to obtain legal status.*
  The law also provided strong measures to combat further illegal immigration and imposed penalties on businesses that knowingly employ illegal aliens.

for more information see: www.usembassy.de

INFO

1.2 Übungsklausur 2

"Out of Mexico, Into Uncertainty", from: New York Times, June 6, 2005 (abridged and slightly edited)

In the dark before dawn, when Madison Avenue was deserted and its pricey boutiques were still locked up tight, several Mexicans slipped quietly into 3 Guys, which a restaurant guide once called "the most expensive coffee shop in New York." For the next 10 hours they would fry eggs, grill hamburgers, pour coffee and wash dishes for a stream of wealthy Manhattan customers. By the time John Zannikos, one of the restaurant's three Greek owners, arrived to help with the lunch crowd, Madison Avenue was busy. So was 3 Guys.

For Juan Manuel Peralta, a 34-year-old illegal immigrant who worked there for five years until he was fired in May 2004, and for many of the other illegal Mexican immigrants in the kitchen, restaurant work today is a dead end. They risk becoming stuck in a permanent underclass of the poor, the unskilled and the uneducated.
The sheer size of the influx – over 400,000 a year – means there is an ever-growing pool of interchangeable workers, many of them bouncing from one low-paying job to another. If one moves on, another one is there to take his place.
Although Mr. Peralta arrived in New York almost 40 years after Mr. Zannikos, the two share a remarkably similar beginning. They came at the same age to the same section of New York, without legal papers or more than a few words of English. Each dreamed of a better life. But monumental changes in the economy and in attitudes towards immigrants have made it less likely that Mr. Peralta and his children will experience the same upward mobility as Mr. Zannikos and his family. Mr. Zannikos now lives in an upscale suburb of New York and all his children have graduated from high school or attended college.
Political scientists are divided over whether the 25 million people of Mexican ancestry in the USA represent an exception to the classic immigrant success story. Some, like John H. Mollenkopf at the city

university of New York, are convinced that Mexicans will eventually do as well as the Greeks, Italians and other Europeans of the last century, who were usually well assimilated after two or three generations. Others, including Mexican-Americans like Rudolfo de la Garza, a professor at Columbia University have done studies showing that Mexican-Americans face so many obstacles that even the fourth generation trails other Americans in education, home ownership and income.

The situation is worse for the millions more who have illegally entered the United States since 1990. With few routes open to become legal, they remain without rights, without security and a clear path to a better future. The failure of success of this generation of Mexicans will determine the place that Mexicans will hold here in years to come, and the outlook is not encouraging. "They will be better off than they could ever have been in Mexico," says Arturo Sarukhan, Mexico's consul general in New York, "but I don' think that's going to be enough to prevent them from becoming an underclass in New York."

Fifty years ago, illegal immigration was a minor problem in the United States. Now it is a divisive issue pitting those who welcome cheap labour against those with concerns about border security and the cost of providing social services. Though newly arrived Mexicans often work in industries that rely on cheap

labour, like restaurants and construction, they rarely organize to form labour unions. Most are desperate to stay out of sight.
Because he is in the United States illegally, Mr. Peralta can easily be exploited. Most weeks Mr. Peralta could make as much as $600. But uncertainty hovers over everything. To earn $600, he has to work 10 hours a day, six days a week, and that doesn't happen every week. He cannot file a complaint against his landlord for charging him $500 a month for a 3-meter-by-3-meter room in a Queens apartment that he shares with nine other Mexicans in three families. All 13 share one bathroom and a kitchen. Although the Bush administration is talking about legalizing some Mexicans with a guest worker program, there is opposition to another amnesty, and the number of Mexicans illegally in the United States continues to soar.

1 Questions on the text

a) In what respects is the introductory paragraph typical of a newspaper article?
b) What do Mr. Zannikos and Mr. Peralta have in common? In what ways are their lives different?
c) What will most probably happen to illegal immigrants from Mexico in the future?
d) What problems do they have to face now?
e) How does the author try to make his article and arguments convincing?

② Translation
Rudolph Giuliani, the (former) mayor of New York, knows our value. "Immigration," he said last week, "continues to shape the unique character and drives the economic engine of New York. Immigration is crucial to maintaining New York's position as the capital of the world." How many other public figures outside the United States would make such a statement? In Europe it's much more common to hear politicians worry about the supposed loss of "cohesion" that immigration brings to their society. In the quarter century since 1970, the US admitted about 15 million legal immigrants and has absorbed them into its society with an ease beyond the contemplation of any other nation. That, in my view, is the most impressive feat of the American character in modern times.

from: Newsweek, January 20, 1997 (abridged and edited)

③ Composition
A new immigration law is being discussed in Germany right now. Weigh the pros and cons of immigration to Germany.

Der nun folgende Text entspricht sowohl in der Länge als auch in der Aufgabenstellung einer Abituraufgabe im Leistungskurs. Dennoch ist die Bearbeitung dieser Aufgabe auch für Grundkursteilnehmer sinnvoll, da Fragen in ähnlicher Form auch im Grundkursabitur drankommen könnten und *translation* und *composition* fester Bestandteil jeder Abiturprüfung sind.

1.3 Übungsklausur 3

"Dream on, America", from: Newsweek, January 31, 2005 (abridged and slightly edited)

Not long ago, the American dream was a global fantasy. Not only Americans saw themselves as a beacon unto nations. So did much of the rest of the world. You had only to listen to George W. Bush's Inaugural Address last week to appreciate just how deeply Americans still believe in this founding myth. For many in the world the president's rhetoric confirmed their worst fears of an imperial America relentlessly pursuing its narrow national interests. The gulf between how Americans view themselves and how the world views them was summed up in a poll last week. Fully 71 % of Americans see the United States as a source of good in the world. More than half view Bush's election as positive for global security. Foreigners take an entirely different view: 58 % in the poll see Bush's re-election as a threat to world peace. Among the 1.3 billion members of the Islamic world, public support for the United States is measured in single digits. The truth is that Americans are living in a dream world.

Countries today have dozens of political, economic and social models to choose from. Anti-Americanism is especially virulent in Europe and Latin America, where countries have established their own distinctive ways – none made in America. Futurologist Jeremy Rifkin, in his recent book, hails an emerging Europe based on general social welfare, cultural diversity and respect for international law – a model that's caught on quickly across the former nations of Eastern Europe and the Baltics.

Once upon a time, the U.S. constitution was a revolutionary document, full of epochal innovations – free elections, judicial review, checks and balances, federalism, and, perhaps most important, a Bill of Rights. In the 19th and 20th centuries, countries around the world copied the document. When the Soviets withdrew from Central Europe, U.S. constitutional experts rushed in. They got a polite hearing, and were sent home. After American planes and bombs freed the country, Kosovo opted for a European constitution. Drafting a post-apartheid constitution South Africa rejected American-style federalism in favour of a German model, which leaders deemed appropriate for the social-welfare state they hoped to construct. Much in America's law and society troubles the world these days. Nearly all countries reject the United States' right to bear arms as a quirky and dangerous anachronism. They abhor the death penalty and demand broader privacy protections.

Above all, once most foreign systems reach a reasonable level of affluence, they follow the Europeans in treating the provision of adequate social welfare as a basic right. The United States' refusal to ratify global human-rights treaties only reinforces the conviction that America's Constitution and legal system are out of step with the rest of the world. The American Dream has always been chiefly economic. Certainly the US economy has been extraordinarily productive. Yes, American per capita income remains among the world's highest. Yet these days there is as much economic dynamism in the newly industrializing economies of Asia, Latin America and even Eastern Europe. All are growing faster than the United States.

Whether those trends will continue is not so much the question. Better to ask whether the American way is so superior that everybody else should imitate it. And the answer to that, increasingly, is no. Americans work far longer hours than Europeans do. But they are not necessarily more productive – nor happier, buried as they are in household debt, without the time available for Europeans for vacation and international travel. Even in poorer, pro-American Hungary and Poland, polls show that only a slender minority wants to import the American model. A big reason is its increasingly apparent deficiencies. The United States is the only developed democracy without a universal guarantee of health care, leaving about 45 million Americans uninsured. Nor do Americans receive higher-quality health care in return. The list goes on: ugly racial tensions, sky-high incarceration rates, child-poverty rates higher than any OECD country except Mexico. Not long ago, the USA was destination number one for foreign students seeking university educations. Today, growing numbers are going elsewhere – to other parts of Asia, or Europe. You can almost feel the pendulum swing. U.S. leaders have long believed military power and the American Dream went hand in hand. Today, Americans make the same presumption, confusing military might with right. A former French minister muses that the USA is the last country to believe that the pinpoint application of military power is the critical instrument of foreign policy. Contrast that to the European Union – pioneering an approach based on civilian instruments like trade, foreign aid, peacekeeping, international monitoring and international law – or even China, whose economic clout is its most effective diplomatic weapon. The strongest tool for both is access to huge markets. No single policy has contributed as much to Western peace and security as the admission of 10 new countries to the European Union. The United States can take some satisfaction in this after all, it is in large part the success of the mid-century American Dream that has made possible the diversity of models we see today. But where does this leave us? Americans still invoke democratic idealism. But fewer and fewer people have the patience to listen.

The failure of the American Dream has only been highlighted by the country's foreign-policy failures, not caused by them. The true danger is that Americans do not realize this, lost in the reveries of greatness, speechifying about liberty and freedom.

① Translate the text from line 1 to 29.

② Questions on the text

a) Explain the headline of the text.

b) "The truth is that Americans live in a dream world." (line 18/19) What does the author want to say with this statement?

c) According to the text, why is the U. S. constitution no longer a model for the world?

d) What deficiencies of the American social system does the author mention?

e) How does the author assess the role and success of U. S. foreign policy?

f) What kind of reader is addressed by the article? Support your answer by referring to the text.

③ Composition

While many of our citizens prosper, others doubt the promise of our country. **(President Bush in his Inaugural Address on January 20, 2001).**

Does America still offer promises and opportunities to young people from Europe?

Auch der letzte Sachtext in diesem Kapitel beschäftigt sich mit einer sehr aktuellen Materie, die ebenfalls Thema einer Abiturprüfung sein könnte: gentechnisch veränderte Lebensmittel. Diese Aufgabe entspricht dem Niveau einer Leistungskursprüfung.

1.4 Übungsklausur 4

"The God Effect", from: Newsweek, April 5, 2004 (abridged and slightly edited)

Many thousands of years ago, most of our ancestors were barely subsisting on whatever food nature provided for them in the form of wild plants and animals. Gradually, humans managed to turn the equation of survival in their favour. They did so by encouraging certain breeds or strains that had obvious advantages – bigger berries, more productive mammaries – over less promising varieties. It probably happened at first by accident, and later deliberately, by domestication. The result was to turn weeds into maize, wheat or rice: hairy goats into woolly sheep, and wild oxen into docile milk-producing factories called cows. These and other uses of what we now call genetic modification provided the foundation for every human civilisation. In the last decades of the 20th century, scientists developed techniques of directly altering life's biochemistry, making genetic and cell modification more efficient and predictable. One could argue that these techniques haven't fundamentally altered this age-old practice. But that's not the way many Europeans see it. After years of resisting GM foods, Europe is only this spring allowing them on store shelves with warning labels certain to scare off most consumers. There's no evidence that currently approved GM foods pose a threat to public health or the environment. So why is opposition so fervent?

For an answer, you need only look across the Atlantic Ocean. President Bush is laissez-faire about GM foods. America's farmers produce them by the ton, and consumers eat them just as fast. Yet when it comes to other areas of biotechnology – anything that involves human embryos – the White House is every bit as fervently opposed as the Europeans are to GM foods. Europe and America, divided in so many ways, have come together in one sense: both stand against progress in biotechnology of one form or another.

The parallels go further than many Europeans would care to believe. Europeans like to look down their noses at the religious fundamentalism that is part of Bush's character and political support, but in fact Europe's rejection of GM foods has an equally powerful spiritual component. To many Europeans, genetic engineering is an assault on God's sovereignty or Mother Nature's spirit. They fear a Frankenfood counterattack, just as the fictional Victor Frankenstein's attempt to create life brought forth a monster that ultimately destroyed its creator's world.

There's nothing wrong with spiritual convictions. But they should be recognized as such, especially now that Western society is embarking on a course that is already having a detrimental effect on innovation in the biological sciences. In the very countries that spawned the original breakthroughs, innovation has either slowed or stopped completely, because of political resistance. If these were the only countries where such research could take place, biomedical advances would be set back significantly.

Fortunately, the scientific world no longer revolves around western countries. Scientists, money and ideas flow across borders. Asian countries that do not find biotechnology research contentious are the clear beneficiaries. Europe and America, though, could well lose their leadership in this important technology. Many left-leaning European intellectuals seem beholden to a deep-seated sense of spirituality, one that encompasses all of Mother Nature. There is no other way to explain why so many on the left are so willing to reject all conceivable applications of genetic engineering.

But biotechnology, like all technologies, can be applied toward good or ill, profit or not. It has already reduced the use of pesticides and the tilling of farmland, a major cause of soil degradation. Cows have been engineered for resistance to mad-cow disease, and pigs have been made to produce fewer pollutants in their manure. Genetic engineering could make peanuts nonallergic. And nonprofit organizations could carefully use the technology to increase the nutritional value of crops, add vaccines and reduce the ecological damage of traditional agriculture in underdeveloped countries.

Unfortunately, such nonprofit biotech applications are unlikely to be developed any time soon because the people most supportive of humanitarian efforts -the Europeans- are too busy condemning biotechnology as unnatural. In contrast, many of the same people have no problem with the unregulated production and sale of natural herbal remedies and dietary supplements, some of which have killed hundreds of people. At least 200 million Americans have eaten GM food over the last decade without a single verified allergic reaction, without even a single GM-caused stomachache.

A spiritual objection is enshrined in the Constitution of Switzerland. A 1992 referendum imposes a respect for "the integrity of living organism" and "the dignity of living nature." A majority of Swiss people seem to believe that their valleys of well-tended meadows, neat farms and grazing cows represent a natural order that must be preserved.

Of course, every component of this picture is the result of human intervention into a previous natural order that disappeared long ago.

Europe is suffering not only research restrictions but a decline in agricultural competitiveness. Partly because farmers use inefficient non-GM seed, they require ever-larger subsidies to stay afloat. Meanwhile, American farmers have latched onto GM crops as a way to cut down on pesticides, obtain better protection against adverse weather and increase yields.

While Americans and Europeans wring their hands, Asians benefit from less cumbersome spiritual beliefs. Several Asian countries see a golden opportunity. The Chinese government has persuaded many Western-educated expatriate scientists to return to a homeland where research on human embryos is lavishly funded at dozens of laboratories. Separately, in 2003, a Chinese company became the first in the world to win approval for a commercial application of human gene therapy for a cancer treatment. As Asian nations take the lead, the advantages of allowing this research may become clearer to Western cultures. American and Europe may even change their views. If so, globalization would be the savior of both science and people.

① Translate the text from *In the last decades ...* to *... form or another.* (line 15–36).

② Questions on the text

a) Explain the function of the introductory paragraph.

b) In what respect do Europeans differ from the USA in their attitude towards biotech? What parallel does the author see?
c) The author speaks of a *powerful spiritual component* (line 41/42). What does he mean by that expression?
d) What examples does he give to prove that this attitude is wrong?
e) What positive aspects of biotechnology does he mention?
f) What may be the consequences of the resistance against biotechnology?
g) Does the author judge the matter in an objective way? Support your answer by referring to the text.

③ Composition
After reading the article you write a letter to the editor in which you outline your personal opinion on GM foods. Write about 250-300 words.

Bevor Sie mit der Ausarbeitung Ihrer *composition* beginnen, lesen Sie sich noch folgende Vokabelliste durch. Sie wird Ihnen sicher dabei helfen, die zur Darstellung des Themas passenden Spezialausdrücke zu finden.

artificial creation	=	künstliche Schöpfung
artificial insemination	=	künstliche Befruchtung

beneficial	=	nützlich, vorteilhaft
breed	=	Züchtung
cloning	=	klonen
defect	=	Fehler
defective	=	fehlerhaft
donation	=	Spende
donor	=	Spender
enhance	=	steigern, verbessern
eradicate	=	ausrotten
fertilize	=	befruchten
genetic code	=	genetischer Code
genetic engineering	=	Gentechnik
genetic therapy	=	Genbehandlung
geneticist	=	Genetiker
GM foods (genetically modified foods)	=	gentechnisch veränderte Lebensmittel
hereditary	=	vererbt
heredity	=	Erbanlagen
hybrid	=	Kreuzung
inherit	=	erben
insert	=	einsetzen
modify	=	verändern
preservation	=	Erhaltung
preventive treatment	=	Vorsorgemaßnahme
researcher	=	Forscher
resistant	=	resistent, widerstandsfähig
species	=	Art, Gattung
test-tube	=	Reagenzglas

2. Literarische Texte

Im folgenden Abschnitt finden Sie nun vollständige Abituraufgaben zu literarischen Texten. Während die Übungsklausuren 5 und 6 eher in Richtung Leistungskursniveau tendieren, entspricht Klausur 7 den Anforderungen des Grundkurses.

Der erste Text stammt aus dem Roman *Angela's Ashes* des irisch-amerikanischen Autors Frank McCourt. In diesem autobiografischen Roman schildert McCourt in eindrucksvoller Weise die erzwungene Rückkehr seiner Familie nach Irland und seine harte Kindheit auf der Insel in den 1930er-Jahren. Bevor Sie sich mit dem Textauszug befassen, sollten Sie nochmals den Textabschnitt zum Thema Irland (S. 37ff.) durchlesen.

2.1 Übungsklausur 5

Frank McCourt, "Angela's Ashes"

Mam says, Alphie is enough. I'm worn out. That's the end of it. No more children.

Dad says, The good Catholic woman must perform her wifely duties and submit to her husband or face eternal damnation.

Mam says, As long as there are no more children eternal damnation sounds attractive enough to me.

What is Dad to do? There's a war on. English agents are recruiting Irishmen to work in their munitions factories, the pay is good, there are no jobs in Ireland, and if the wife turns her back to you there's no shortage of women in England where the able men are off fighting Hitler and Mussolini and you can do anything you like as long as you remember you're Irish and lower class and don't try to rise above your station. Families up and down the lane are getting telegram money orders from their fathers in England. They rush to the post office to cash the money orders so they can shop and show the world their good fortune on Saturday night and Sunday morning. The boys get their hair cut on Saturdays, the women curl their hair with iron tongs hot from the fire. They're very grand now the way they pay sixpence or even a shilling for seats at the Savoy Cinema (...).

The new rich people go home after Mass on Sundays all airs and stuff themselves with meat and potatoes, sweets and cakes galore, and they think nothing of drinking their tea from delicate little cups which stand in saucers to catch the tea that overflows and when they lift the cups they stick out their little fingers to show how refined they are. Some stop going to fish and chip shops altogether because you see nothing in those places but drunken soldiers and night girls and men that drank their dole and their wives screeching at them to come home.

The brave new rich will be seen at the Savoy Restaurant or the Stella drinking tea, eating little buns, patting their lips with serviettes if you don't mind, coming home on the bus and complaining the service is not what it used to be (...). If there's a chill in the air they'll turn on the electric fire for the comfort that's in it and sit in their kitchens listening to the news declaring how sorry they are for the English women and children dying under the German bombs but look what England did to us for eight hundred years.

The families with fathers in England are able to lord it over the families that don't. At dinnertime and teatime the new rich mothers stand at their doors and call to their children, Mikey, Kathleen, Paddy, come in for yeer dinner. Come in for the lovely leg o' lamb and the gorgeous green peas and the floury white potatoes. (...) We have nothing but bread and tea and she doesn't want the tormenting neighbors to see us with our tongues hanging out, suffering over the lovely smells floating up and down the lane. (...) Dad says all that food comes from English money and no luck will come to those who took it but what could you expect from Limerick anyway, people who profit from Hitler's war, people who will work and fight for the English. He says he'll never go over there and help England win a war. Mam says, No, you'll stay here where there's no work and hardly a lump of coal to boil water for the tea. No, you'll stay here and drink the dole when the humor is on you. You'll watch your sons going around with broken shoes and their arses hanging out of their trousers. Every house in the lane has electricity and we're lucky if we have a candle. God above, if I had the fare I'd be off to England myself for I'm sure they need women in the factories. Dad says a factory is no place for a woman.

Mam says, sitting on your arse by the fire is no place for a man. I say to him, Why can't you go to England, Dad, so we can have electricity and a wireless and Mam can stand at the door and tell the world what we're having at dinnertime?

He says, Don't you want to have your father here at home with you?

I do but you can come back at the end of the war and we can all go to America.

He sighs, Och, aye, och, aye. All right he'll go to England after Christmas because America is in the war now and the cause must be just. He'd never go if the Americans hadn't gone in. He tells me I'll have to be the man of the house, and he signs up with an agent to work in a factory in Coventry which, everyone says, is the most bombed city in England. The agent says, there's plenty of work for willing men. You can work overtime till you drop and if you save it up, mate, you'll be Rockefeller at the end of the war.

We're up early to see Dad off at the railway station. Kathleen O'Connell at the shop knows Dad is off to

England and money will be flowing back so she's happy to let Mam have credit for tea, milk, sugar, bread, butter and an egg. An egg.
Mam says, This egg is for your father. He needs the nourishment for the long journey before him.
It's a hard-boiled egg and Dad peels off the shell. He slices the egg five ways and gives each of us a bit to put on our bread. Mam says, Don't be such a fool. Dad says, What would a man be doing with a whole egg to himself? Mam has tears on her eyelashes. She pulls her chair over to the fireplace. We all eat our bread and egg and watch her cry till she says, What are ye gawkin' at? and turns away to look into the ashes. Her bread and egg are still on the table and I wonder if she has any plans for them. They look delicious and I'm still hungry but Dad gets up and brings then to her with the tea. She shakes her head but he presses them on her and she eats and drinks, snuffling and crying. He sits opposite her a while, silent, till she looks up at the clock and says, ,Tis time to go. He puts on his cap and picks up his bag. Mam wraps Alphie in an old blanket and we set off through the streets of Limerick. (…)
In the pubs around the railway station the men are packed in drinking the money the agents gave them for travel food. They are having the last pint, the last drop of whiskey on Irish soil, For god knows it might be the last we'll ever have (…).

① Questions on the text

a) What different attitudes towards having another child become obvious in the opening paragraph?
b) How does the behaviour of the newly rich families in Limerick change?
c) Why does Dad refuse to go to England at first? What makes him change his mind?
d) What picture of England and its role in World War II seems to be prevalent in Ireland?
e) *Mam has tears on her eyelashes.* (line 101). Explain why.
f) How does the point of view chosen by the author affect language and tone of the text?

② Translation

The movie *Angela's Ashes* has risen without a trace. The critics proclaim it soulless, humourless and flagrant rubbish and Frank McCourt as an unreliable chronicler of past events. This movie is the greatest deterrent to reading the book. If only McCourt had had the talent to investigate the socio-economic fabric of Ireland of the 1930s: an Ireland deprived, suffering the aftermath of the first world war, the second world war raising its ugly head and the Catholic church recovering from English occupation and censorship. I believe that McCourt had the freedom to write the book, but freedom is not above truth. The ultimate credit to Limerick is in its undying loyalty to its own people. Hating the disloyalty of the book, the people there are still united in their loyalty to McCourt and their pride that a Limerick man found success in America. Limerick is alive and well and can defend itself; Angela isn't and can't. If you can attack your mother's morals – as McCourt did in his book – a woman whose only crime was to feed and house her children, then I suppose anybody or anything is vulnerable.

from: The Sunday Times, January 23, 2000

③ Composition
Are parents still role models for young people?

Die folgende Kurzgeschichte stammt aus der Feder des amerikanischen Schriftstellers O. Henry (1862–1910). Er war zu Beginn des 20. Jahrhunderts einer der populärsten Kurzgeschichtenautoren in den USA. Seine Beobachtungen aus dem Alltag sind geprägt von Humor und Ironie und haben oft überraschende Wendungen.

2.2 Übungsklausur 6

O. Henry, "After Twenty Years"

The policeman on the beat moved up the avenue impressively. The impressiveness was habitual and not for show, for spectators were few. The time was barely ten o'clock at night, but chilly gusts of wind with a taste of rain in them had well depeopled the streets.

Trying doors as he went, twirling his club with many intricate and artful movements, turning now and then to cast his watchful eye adown the pacific thoroughfare, the officer, with his stalwart form and slight swagger, made a fine picture of a guardian of the peace. The vicinity was one that kept early hours. Now and then you might see the lights of a cigar store or of an allnight lunch counter, but the majority of doors belonged to business places that had long since been closed.

When about midway of a certain block the policeman suddenly slowed his walk. In the doorway of a darkened hardware store a man leaned, with an unlighted cigar in his mouth. As the policeman walked up to him the man spoke up quickly. "It's all right, officer," he said reassuringly. "I'm just waiting for a friend. It's an appointment made twenty years ago. Sounds a little funny to you, doesn't it? Well, I'll explain if you'd like to make certain it's all straight. About that long ago there used to be a restaurant where this store stands – 'Big Joe' Brady's restaurant."

"Until five years ago," said the policeman. "It was torn down then."

The man in the doorway struck a match and lit his cigar. The light showed a pale, square-jawed face with keen eyes, and a little white scar near his right eyebrow. His scarfpin was a large diamond, oddly set.

"Twenty years ago tonight," said the man, I dined here at 'Big Joe' Brady's with Jimmy Wells, my best chum, and the finest chap in the world. He and I were raised here in New York, just like two brothers, together. I was eighteen and Jimmy was twenty. The next morning I was to start for the West to make my fortune. You couldn't have dragged Jimmy out of New York; he thought it was the only place on earth. Well, we agreed that night that we would meet here again exactly twenty years from that date and time, no matter what the conditions might be or from what distance we might have to come. We figured that in twenty years each of us ought to have our destiny worked out and our fortunes made, whatever they were going to be."

"It sounds pretty interesting," said the policeman. "Rather a long time between meets, though, it seems to me. Haven't you heard from your friend since you left?"

"Well, yes, for a time we corresponded," said the other. "But after a year or two we lost track of each other. You see, the West is a pretty big proposition, and I kept hustling around over it pretty lively. But I know Jimmy will meet me here if he's still alive, for he always was the truest, staunchest old chap in the world. He'll never forget. I came a thousand miles to stand in this door tonight, and it's worth it if my old partner turns up."

The waiting man pulled out a handsome watch, the lids of it set with small diamonds. "Three minutes to ten," he announced. "It was exactly ten o'clock when we parted here at the restaurant door." "Did pretty well out West, didn't you?" asked the policeman. "You bet! I hope Jimmy has done half as well. He was a kind of plodder, though, good fellow as he was. I've had to compete with some of the sharpest wits going to get my pile. A man gets in a groove in New York. It takes the West to put a razor-edge on him."

The policeman twirled his club and took a step or two. "I'll be on my way. Hope your friend comes around all right. Going to call time on him sharp?"

"I should say not!" said the other. "I'll give him half an hour at least. If Jimmy is alive on earth he'll be here by that time. So long, officer."

"Good-night, sir," said the policeman, passing on along his beat, trying doors as he went.

There was now a fine, cold drizzle falling, and the wind had risen from its uncertain puffs into a steady blow. The few foot passengers astir in that quarter hurried dismally and silently along with coat collars turned high and pocketed hands. And in the door of the hardware store the man who had come a thousand miles to fill an appointment, uncertain almost to absurdity, with a friend of his youth, smoked his cigar and waited. About twenty minutes he waited, and then a tall man in a long overcoat, with collar turned up to his ears, hurried across from the opposite side of the street. He went directly to the waiting man.

"Is that you, Bob?" he asked doubtfully.

"Is that you, Jimmy Wells?" cried the man in the door. "Bless my heart!" exclaimed the new arrival, grasping both the other's hands with his own. "It's Bob, sure as fate. I was certain I'd find you here if you were still in existence. Well, well, well! – twenty years is a long time. The old restaurant's gone, Bob; I wish it had lasted, so we could have had another dinner there. How has the West treated you, old man?"

"Bully; it has given me everything I asked it for. You've changed lots, Jimmy. I never thought you were so tall by two or three inches." "Oh, I grew a bit after I was twenty."

"Doing well in New York, Jimmy?". "Moderately. I have a position in one of the city departments. Come on, Bob; we'll go around to a place I know of, and have a good long talk about old times."

The two man started up the street, arm in arm. The man from the West, his egotism enlarged by success, was beginning to outline the history of his career. The other, submerged in his overcoat, listened with interest.

At the corner stood a drugstore, brilliant with electric lights. When they came into this glare each of them turned simultaneously to gaze upon the other's face.

The man from the West stopped suddenly and released his arm.

"You're not Jimmy Wells," he snapped. "Twenty years is a long time, but not enough to change a man's nose from a Roman to a pug."

"It sometimes changes a good man into a bad one," said the tall man. "You've been under arrest for ten minutes, 'Silky Bob'. Chicago thinks you may have dropped over our way and wires us she wants to have a chat with you. Going quietly, are you? That's sensible. Now, before we go on to the station here's a note I was asked to hand you. You may read it here at the window. It's from Patrolman Wells."

The man from the West unfolded the little piece of paper handed him. His hand was steady when he began to read, but it trembled a little by the time he had finished. The note was rather short.

Bob: I was at the appointed place on time. When you struck the match to light the cigar I saw it was the face of the man wanted in Chicago. Somehow I couldn't do it myself, so I went around and got a plain clothes man to do the job. Jimmy.

① Questions on the text

a) Small details in this story have got a precise function, even if only realized later. Show this for the cigar.

b) How can we see that this situation is set fairly way back in the past?

c) The reader can only guess what Bob experienced during the past twenty years. What hints at Bob's life in the West does the author give?

d) Why does Bob relatively late realize that the

plain clothes man isn't Jimmy Wells?

e) We do not understand the full meaning of the story until we have read the last words. How does the author create the surprising end?

f) Would you have done the same as Jimmy Wells, or would you have given your former friend a chance to escape? Give reasons for your answer.

② Translation

A prolific writer in his later years, O. Henry wrote some 600 short stories which were published in 1917 in 14 volumes. Henry was reared by an aunt in Greensboro, where, at the age of fifteen, he went to work in an uncle's drugstore. Five years later he developed a cough which indicated the onset to tuberculosis. Because of his health, he was invited by friends to Austin, Texas. He married in 1887 and his wife gave birth to a daughter in 1889. Henry supplemented his work at a bank, a demanding but unfulfilling job, with work on a weekly humor paper he owned. Amidst cascading troubles, he resigned his post at the bank and left for Houston. It was at this time that he was summoned to Austin to stand trial for embezzlement. However, while looking for a train connection from Houston to Austin for the trial, he decided to board a train heading in the other direction. Leaving his wife and child in Houston, he made his way to New Orleans, where he unloaded banana boats. He eventually ended up in Honduras and South America consorting with famous criminals. In fact, his travels were funded by the $30,000 proceeds from a robbery committed by one of them. These two years on the run provided the initial fuel for his stories.

for more information see: www.peterekstrom.com

3 Composition (Write about 250 words.)
Reliable friends are sometimes even more important for people than their own family members. Others even add: more important than "business connections". How would you evaluate your own "social network"?

Das dritte literarische Textbeispiel stammt von John Irving, der 1942 in Exeter, New Hampshire geboren wurde. Seine Romane schildern teilweise skurrile Begebenheiten und Konflikte im menschlichen Zusammenleben der heutigen Zeit.
Der vorliegende Text stammt aus dem Roman *The Fourth Hand,* der die Geschichte eines TV-Journalisten erzählt, dem während einer Reportage vor laufender Kamera die linke Hand von einem Löwen abgebissen wird. Der Auszug gibt nicht nur einen Einblick in die Biografie des jungen Mannes, sondern beschäftigt sich auch mit der Rolle des Fernsehens in den USA.

d) Reader's curiosity

The reader asks himself several questions when reading through the first pages of the novel:

- ✦ Why did Patrick lose his hand?
- ✦ Was the hand-transplant surgery successful?
- ✦ What about the fourth hand (= title)?
- ✦ How did Patrick's career go on after the accident?

e) Effects of the narrative perspective

- ✦ Third-person narrative, omniscient narrator.
- ✦ At the beginning he tells the story from Patrick's point of view.
- ✦ The narrator also knows other people's ideas/ thoughts/attitudes.
- ✦ We also get to know what the thesis adviser thinks/ feels about Patrick's behaviour.
- ✦ We even get to know how he explains his character (loss of his parents).
- ✦ We know what others say about him (lack of motivation, no sign of becoming famous, no adventurer).
- ✦ The reader thus gets a detailed picture of Patrick, as he is seen from different angles, he can decide whose point of view is objective/reliable/true.

2. Translation

Die amerikanische Vorstellung vom Fernsehen ist die, dass es in erster Linie eine Nation von Konsumenten anstatt von Bürgern schafft und bedient und sie der Werbung ausliefert. Jedes Heim muss daher zwei oder mehr Geräte besitzen, bei denen Tag und Nacht etwas [auf dem Bildschirm] sein muss. Dieses „etwas" muss allen Zuschauern sofort zur Verfügung stehen und immer verlockend sein. Das bedeutet, dass schwierige Zusammenhänge vermieden werden müssen und dass schnelle Bildfolgen wichtiger sind als Sprache. Kurz gesagt, alles was gezeigt wird, muss unterhaltsam sein, nicht nur weil es am wenigsten wahrscheinlich ist, dass Unterhaltung bestimmte Konsumentengruppen beleidigt oder entfremdet, sondern auch um ein Minimum anhaltender, ernsthafter geistiger Tätigkeit zu ermöglichen. Denn ein Publikum, das sich ernsthaft Gedanken macht, verfolgt entweder die Werbespots nicht aufmerksam genug oder zu aufmerksam. Ein Publikum, das nicht aufmerksam genug ist, ist nutzlos. Ein Publikum, das zu aufmerksam ist, ist gefährlich. Es wird sich fragen, was die Werbespots da sollen, was so lustig an einem Cheeseburger ist oder wie alle Probleme von irgendeinem bestimmten Mittelchen (Droge) oder einer Maschine gelöst werden können. Ein solches Publikum könnte sogar auf den gefährlichsten von allen Gedanken kommen: dass es nämlich zwischen den Werbespots und dem [eigentlichen] Programm wenig/kaum Unterschied gibt.

3. Composition

Die Frage ist der Aufhänger für ein Erstens-zweitens-drittens-Thema. Es muss keine These erörtert werden. Es geht nur darum, Argumente zu finden, die eine unbestreitbare Erscheinung des Alltagslebens erklären können.

- ✦ Most people's everyday life is not spectacular. It is usually dominated by a dull daily routine.
- ✦ Browsing through the gutter press, reading about celebrities, might be a kind of distraction.
- ✦ It might even be some sort of escapism for the reader and viewer.
- ✦ People's secrets are alluring for most people.
- ✦ The reader might be nosy and curious about private details of celebrities' lives.
- ✦ Celebrities are in the spotlight of the public and thus even role models especially for young people.
- ✦ They have achieved something that other might people may dream of.
- ✦ Reader/viewer might even gloat over mistakes made by the famous person.
- ✦ They are blamed for what we do ourselves and, thus, are punished for our "sins" (act as a scapegoat or a substitute for us).
- ✦ They show us the latest trends.

Register

Quellenverzeichnis

Fitzgerald, Francis Scott, *The Great Gatsby,* Reclam Verlag, Stuttgart, 1995, S. 34–39.

Highsmith, Patricia, *The Talented Mr. Ripley,* Penguin Books, Harmondsworth, 1983, S. 5.

Irving, John, *The Fourth Hand,* Random House / Ballantine Books, New York, 2001, S. 1–5.

Lodge, David, *Nice Work,* Secker & Warburg, London, 1988, S. 123–127.

McCourt, Frank, *Angela's Ashes,* Touchstone, New York, 1996, S. 269–273.

Sedaris, David, *Get your ya-ya's out,* aus: Sedaris, David, Naked, Back Bay Books, Boston, S. 23–26.